KB043743

하루 한 줄 인생 브랜딩

하루 한 줄
✧ 인생 ✧
브랜딩

초판 1쇄 발행 2020년 12월 31일

지은이 장진우
출판기획 마인더브
등록 2018년 3월 27일 (제307-2018-15호)
펴낸곳 경원북스
주소 서울시 광진구 아차산로 375(B1, 105호)
전화 02-2285-3999
팩스 02-6442-0645
인쇄 두경M&P
이메일 kyoungwonbooks@gmail.com

ISBN 979-11-89953-14-0 (03190)
정가 13,800원

잘못된 책은 본사나 구입하신 서점에서 교환해 드립니다.

하루 한 줄 인생 브랜딩

장진우 지음

마인더브

차례

PART2. 전달

하루 한 줄의 마법 FOUR

내 삶의 인생 작품을 반드시 책으로 남길 것이다.

하루 한 줄의 마법 FIVE

많은 사람들에게 영감을 주는 강연을 할 것이다.

하루 한 줄의 마법 SIX

누구나 뒤돌아볼 만큼 멋지고 빛나는 사람이 될 것이다.

하루 한 줄의 마법 SEVEN

마음껏 꿈을 펼치는 당당한 사람들과 함께 세상을 살아갈 것이다.

시작하는 글

안녕하세요, 장진우입니다. 2011년부터 올해까지 10년간 학생들에게 영어를 가르쳐왔습니다. 영어를 교육하면서 쌓인 노하우를 바탕으로 책을 출간했고, 더 많은 독자들과 소통하기 위해 페이스북, 인스타그램, 유튜브와 같은 소셜 미디어를 시작했습니다. 이를 통해 100만 명이 넘는 사람들과 소통할 수 있었고, 이러한 과정 속에서 쌓인 노하우를 바탕으로 출간한 『지식을 돈으로 바꾸는 기술』이 출간과 동시에 베스트셀러에 오르며 태국에서 번역 출간되는 등 많은 독자들의 사랑을 받았습니다.

젊은 열정으로 써내려간 책이 많은 사람들의 과분한 관심을 받고나니 정신이 번쩍 들었습니다. 이후 독자들에게 더 정확하고 제대로 된 지식을 전하기 위해 마케팅과 브랜딩 분야의 전문성을 높이기 위한 공부를 시작했습니다. 그 결과 국내에서는 115번째로 미국 마케팅 협회AMA의 국제 공인 마케팅 전문가PCM®로 등재되었습니다.

이렇게 마케팅과 브랜딩에 대해 공부하다보니, 우리가 알고 있는 성공한 기업의 제품은 모두 뛰어난 마케팅과 브랜딩의 결과였음을 깨닫게 되었습니다. 처음에는 초라해보이던 아이디어도 적절한 마케팅과 브랜딩 과정을 거치고 나면 멋지고 아름다운 제품으로 탄생하는 것입니다. 생각이 여기까지 미치고 나니 문득 이런 생각이 들더군요.

'이러한 마케팅과 브랜딩의 원리를 우리의 인생에 적용해보면 어떨까? 그러면 우리의 인생도 더욱 아름답고 풍요로워지지 않을까?'

이 책은 이러한 질문에서 시작되었습니다. 우리는 모두 각자의 삶 속에 소중한 가치가 하나씩 있습니다. 사람들과 대화를 나누다

보면 어떤 사람은 음악이 소중하고, 어떤 사람은 돈을 버는 일이, 또 어떤 사람은 게임하거나 낚시하는 일이 소중합니다. 처음에는 작고 투박한 가치이지만 여기에 적절한 마케팅과 브랜딩 과정을 더하면 멋지고 아름다운 가치로 재탄생하는 것입니다. 이렇게 탄생한 가치가 많은 사람들에게 알려지면 여러분의 인생이 바뀌고 돈도 자연스럽게 따라오게 됩니다.

오늘부터 7일 동안 하루 한 줄씩 자신만의 가치를 만들고 세상에 전하는 다양한 방법에 대한 이야기를 들려드리고자 합니다. 마케팅에 대한 다양한 정의가 있지만 '가치를 세상에 전하는 것'이라는 마케팅의 본질적인 의미에 근거해서 제 삶에 가장 큰 영향을 끼친 7개의 문장을 통해 이야기를 풀어나갈 것입니다. 이를 통해 여러분의 소중한 가치를 성공적으로 발전시킴으로써 더욱 행복하고 충만한 삶을 살아갈 수 있다면 저로서는 더할 나위 없이 보람찬 일이겠습니다.

자, 그럼 본격적으로 이야기를 시작하기 전에 우선 이 책이 여러분에게 필요한 책인지 스스로 점검해볼 필요가 있습니다. 제가 제시하는 아래의 문장들이 여러분의 가슴에 와 닿는지 스스로 한 번 체크해보세요.

1. 나에겐 특별한 가능성과 잠재력이 있으며, 그것을 성공적으로 발전시킬 것이다.
2. 새로운 일에 열정적으로 도전하고, 배우는 것을 즐길 것이다.
3. 한 주에 최소한 한 권의 책을 읽고 사색하여 반드시 내 것으로 만들 것이다.
4. 내 삶의 인생 작품을 반드시 책으로 남길 것이다.
5. 많은 사람들에게 영감을 주는 강연을 할 것이다.
6. 누구나 뒤돌아볼 만큼 멋지고 빛나는 사람이 될 것이다.

7. 마음껏 꿈을 펼치는 당당한 사람들과 함께 세상을 살아갈 것이다.

만약 위의 7개의 문장 중에서 3개 이상의 문장이 여러분의 가슴을 뛰게 했다면, 여러분은 이 책을 통해 많은 것을 얻어갈 수 있을 것입니다. 1번부터 시작해서 7번까지 이어지는 순서로 이야기가 진행될 예정이기 때문입니다. 앞서 이야기했듯, 우리의 이야기는 '가치를 세상에 전하는 것'이라는 마케팅의 본질적인 의미에 초점을 맞춰서 진행됩니다. 이에 따라 '가치'와 '전달'이라는 두 단어가 이 책의 핵심이 됩니다. 어떻게 나만의 가치를 만들고, 이를 세상에 전달하는지 배우는 것이죠.

이 책에는 저의 경험과 함께 여러분들이 쉽게 따라할 수 있는 자세한 노하우가 함께 제시되어 있습니다. 이를 통해 여러분의 만남이 이 안에서 끝나지 않고 여러분의 삶에 직접적인 변화를 만들어

낼 수 있도록 구성했습니다. 만약 이것이 없다면 제 수업은 여러분의 시간과 비용을 투자할 만큼 가치가 없겠죠.

책은 순서대로 읽는 것이 가장 좋지만, 원하는 부분이 있다면 먼저 읽고 돌아오셔도 괜찮습니다. 저는 언제나 여기서 여러분들을 기다리고 있을 테니까요. 자, 그럼 이 책을 통한 사색의 시간이 여러분의 삶에 변화를 만드는 시작점이 되었으면 합니다. 저도 그것을 목표로 이야기를 시작하도록 하겠습니다.

장진우

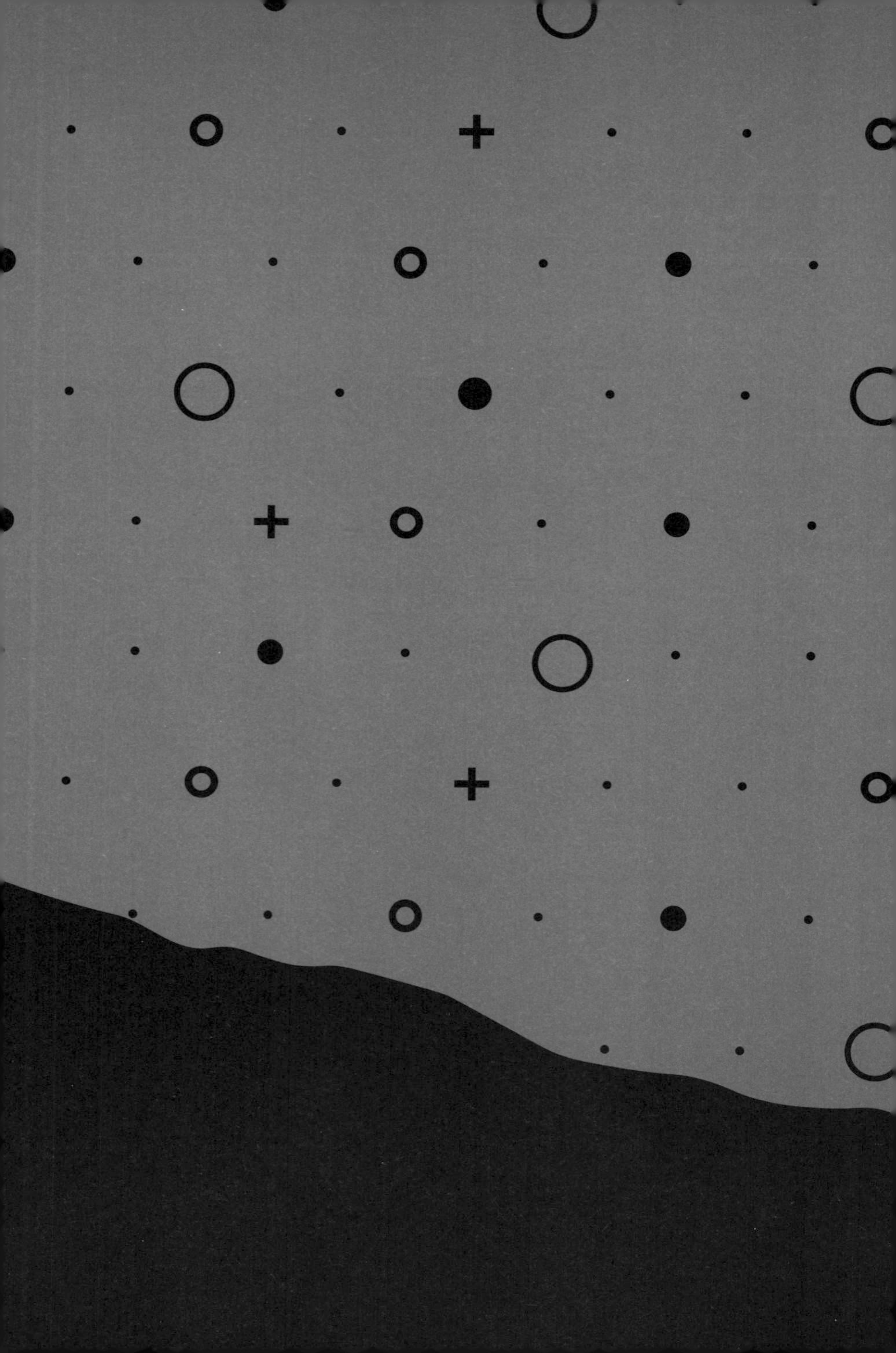

PART 1
가치

하루 한 줄의 마법 ONE

나에겐 특별한 가능성과 잠재력이 있으며, 그것을 성공적으로 발전시킬 것이다.

❶ 처음으로 나의 가치를 세상에 전하다

지금 번듯하게 포장된 모습과는 달리 제 어린 시절은 가난하고 어려웠습니다. 가족들이 살던 집은 인천의 6평 남짓한 다세대 주택이었는데 부모님은 경제적인 문제로 자주 다투셨습니다. 그럴 때면, 저와 여동생은 방구석에서 서로를 의지하며 부모님의 언쟁을 지켜보았죠. 친구의 생일 선물을 준비하지 못해서 미안한 마음에 친구의 집 앞을 서성이다 발걸음을 돌린 적도 있었고, 추운 겨울날 붕어빵이 너무나 먹고 싶어서 10번도 넘게 고민하다 겨우 사 먹었던 기억도 있습니다.

이런 어린 시절의 기억은 저에게 성공에 대한 동기를 강력하게 부여해주었습니다. 중학교에 진학할 무렵 저는 성공하기 위한 방법으로 공부를 택했습니다. 하지만 초등학교 과정을 공부와 담을 쌓고 지내서인지 중학교 1학년 성적은 하위권을 맴돌았습니다. '남들은 저렇게 머리가 뛰어난데, 왜 나는 그러지 못하지'라는 생각에 머리를 책상에 박아가며 저의 부족한 능력을 탓하기 일쑤였습니다. 수업을 들으면 무엇이 핵심인지 파악하지 못해서 이것저것 필기만 하다가 수업시간을 날리는 일이 허다했습니다.

그럼에도 불구하고 저는 희망의 끈을 놓지 않았습니다. 치열하고 독하게 공부에 매달렸습니다. 점심시간 종이 울리고 친구들이 식사를 하기 위해 식당에 뛰어갈 때, 저는 1교시부터 4교시까지 배운 내용을 노트에 정리하며 복습하기 시작했습니다. 친구들이 모두 식사를 마치고 돌아와서 놀고 있던 20분 동안 저는 빠르게 점심을 먹고 자리로 돌아와서 다시 책상에 앉아 수업을 기다렸습니다. 친구들이 노는 점심시간 동안 40분을 더 공부한 셈입니다.

그렇게 1년을 보내자 성적은 믿을 수 없을 만큼 향상되기 시작했습니다. 중학교에 입학할 때 최하위권이었던 성적은 2학년이 되자 전교 6등까지 올라갔고, 3학년 1학기 중간고사에서는 전과목 만점으로 전교 1등을 했습니다.

하지만 성적 향상의 기쁨도 잠시, 고등학교에 진학할 무렵에는 아버지의 건강이 악화되어 신장이식 수술을 해야 하는 상황이 되었습니다. 아버지는 수술 중 혹시 모를 죽음에 대비에 저에게 한 통의 편지를 남겨주었습니다. 어머니와 함께 아버지가 입원해 계신 병원으로 향하는 버스 안에서 그 편지를 읽었습니다. 편지에는 '내 아들 진우야. 너는 특별한 사람이니 반드시 크게 성공할 수 있으리라 믿는다'라고 쓰여 있었습니다. 순간 흐르는 눈물을 닦을 생각도 못하고 다시 한번 반드시 성공해야겠다고 다짐했습니다.

대학교 생활은 매일매일이 전쟁과 같았습니다. 학교가 위치한 서울의 끝자락 안암동과 인천을 오가는 중에 과외로 학생들을 가르치고, 그 돈으로 월세와 생활비를 충당했습니다. 다른 학생들처럼 편하게 도서관에 앉아 학과 공부를 하며 친구들과 술잔을 기울이고 미팅에 나가는 것은 사치였습니다. 지하철에 앉아서 인천으로 가는 1시간 반 동안 과외 수업을 준비해야 했기에 김밥과 샌드위치로 끼니를 해결하는 일이 많았습니다.

치열하게 살면서 학생들을 가르치다보니 학생들의 숫자는 점점 늘어나기 시작했습니다. 처음에 1명으로 시작했던 과외가 어느새 10명이 되고, 학교 수업과 도저히 병행할 수 없는 수준에 이르자 학교를 휴학하고 학생들을 가르치기 시작했습니다. 믿고 따르는 학생들의 숫자가 늘어나니 더욱 철저히 수업 준비에 매달렸고, 이는 점차 노하우로 쌓이기 시작했습니다.

단어를 더 오래 기억하도록 가르치기 위해 접두사, 어근, 접미사에 대해 다루는 책부터 주제별 테마 어휘, 연상법에 이르기까지 다양한 책들을 연구했고, 문법을 더 쉽게 가르치기 위해 시중에 나와 있는 여러 문법책들이 동일한 개념을 어떻게 설명하는지 다각도로 분석했습니다. 무엇이든 하나라도 더 배우고 성장하기 위해 유명 강사의 강의를 열심히 필기하며 듣기도 했습니다.

그렇게 4년이 지나자 단어, 문법, 독해 공부에 대한 노하우가 선명하게 드러나기 시작했습니다. 이때부터 시간과 체력적인 한계로 가르치지 못하는 학생들을 위해 책을 써야겠다는 생각을 하게 되었습니다. 비록 수업은 듣지 못하더라도, 책을 통해 더욱 쉽게 영어를 배울 수 있도록 도와줄 수 있었기 때문입니다.

이러한 생각을 소셜미디어에 올리자 평소 페이스북을 통해 교류하던 와디즈WADIZ의 한 임원분께서 크라우드 펀딩을 통한 책 출간을 제안해주셨습니다. 당시는 대한민국에 크라우드 펀딩이라는 개념이 생소한 때였고, 와디즈WADIZ 역시 사업을 시작한지 얼마 되지 않았을 때라 있을 수 있던 이례적인 상황이었습니다. 이를 기회로 삼아 첫 번째 영어 책을 출간할 수 있었습니다.

한 달 간의 크라우드 펀딩 프로젝트 기간 동안 페이스북에 있던 3000명의 친구들에게 모두 개인 메시지를 통해 프로젝트 개설 소식을 전했습니다. 책 제목과 동일하게 『삼등급부터 구등급까지 모여라』라는 페이스북 페이지도 개설해서 홍보를 진행했습니다. 지속적으로 포스팅을 올리자 3만 명이 넘는 사람들이 페이지를 좋아해주시고, 50만 명이 넘는 사람들이 페이지의 포스팅을 보고 반응해주셨습니다. 프로젝트가 끝나는 날 최종적으로 확인해보니, 300명이 넘는 사람들이 제 스토리에 공감해주시고 대학생이었던 저에게 600만원이라는 큰돈을 투자해주었습니다. 이것을 계기로 지식과감성 출판사를 통해 『삼등급부터 구등급까지 모여라』라는 책이 처음 출간될 수 있었습니다.

저는 이러한 과정을 통해 처음으로 제가 가진 영어 교육이라는 가치를 세상에 전하게 되었습니다. '가치를 세상에 전하는 것'이라는 마케팅의 본질적인 의미를 처음으로 경험할 수 있었던 순간이었습니다. 비록 책 한 권의 출간이었지만, 이는 저에게 있어 엄청나게 큰 변화의 시작점이었습니다. 제가 세상에 전해야 할 가치가 무엇인지 뚜렷하게 깨닫게 되었기 때문입니다. 사람들과 이야기를 나누다보면 밤새 이야기를 나눠도 다 못 끝낼 만큼 자신이 사랑하고 아끼는 가치가 있습니다. 제겐 영어가 그랬지만, 한 사람에게는 게임이, 다른 사람에게는 낚시가, 또 다른 사람에게는 음악이 그런 소중한 가치일 수 있습니다. 밤새 이야기를 나눠도 못 끝낼 만큼 재밌고 흥미로운 가치를 찾는 것이야 말로 여러분의 인생을 변화시킬 시작점입니다.

❷ 세상에 전할 나만의 가치 찾기

마케팅은 본질적으로 사람과의 관계에 대한 학문입니다. 그렇기에 마케팅은 인간에 대해 탐구하는 인문학과 맞닿아있습니다. 나는 누구인지, 무엇을 위해 태어났으며, 무엇을 위해 사는지에 대한 인문학의 근본적인 질문들이 마케팅과도 깊이 있게 연관되어 있는 것입니다.

그렇다면 우리는 마케팅을 이해하기 위해 먼저 우리 자신을 이해할 필요가 있습니다.

'나는 누구이고, 무엇을 위해 태어났으며, 무엇을 위해 사는 것일까요?'

평소 자신에 대해 스스로 질문하고 생각해본 경험이 없었다면, 이러한 질문들에 대해 답하는 것은 쉽지 않을 것입니다. 하지만 저는 이 책을 통해 계속해서 '왜Why'라는 질문을 던져 여러분들의 사색의 깊이와 폭을 넓혀갈 것입니다. 마케팅은 끊임없이 고민하고 생각하는 과정 그 자체이기 때문입니다. 그러니 지금부터는 끊임없이 '왜Why'라는 질문으로 스스로 고민하고 생각하는 습관을 갖도록 노력하면 도움이 될 것입니다.

다시 우리 자신에 대한 질문으로 이야기를 넘어가보도록 하겠습니다. 사실 역사상 수많은 철학자들이 '나는 누구이고, 무엇을 위해 태어났으며, 무엇을 위해 사는가?'에 대한 답을 찾기 위해 노력했지만, 여전히 명쾌한 결론이 내려지지 않았습니다. 하지만 결론이 내려지지 않았다고 이러한 질문이 가치가 없는 것은 아닙니다. 이러한 질문을 우리의 삶과 연결시키기 위해서는 우선 대답하기 쉬운 질문부터 시작해보는 것이 좋습니다.

'나는 무엇을 잘 하는가?'

이 질문이 중요한 이유는 이를 통해 내가 세상에 전할 가치 있는 무언가를 찾을 수 있기 때문입니다. 마케팅의 본질적인 의미는 세상에 자신만의 차별화된 가치를 전하는 것입니다. 이는 굉장히 중요한 내용입니다. 이 책은 이러한 마케팅의 본질적인 의미에 따라 여러분만의 특별한 가치를 찾고, 이에 전문성과 차별성이라는 옷을 입혀 세상에 전하는 과정을 다루기 때문입니다. 세상에 전할 나만의 특별한 가치를 찾기 위해서는 우선 내가 무엇을 잘 하고, 무엇에 강점이 있는지 파악해야 합니다. 사실 이 질문에 대한 정답은 이미 여러분의 내면에 놓여 있습니다.

'아니, 정말 내 내면에 그 대답이 놓여 있다는 건가요?'

네, 믿기지 않는다면 다음의 빈칸을 채워보면 좋겠습니다.

'영어를 잘하는 3가지 비밀은 ______ 이다.'

대한민국 사람이라면 누구나 '실제 외국인과 대화해보는 것', '미드나 팝송을 통해 쉽고 재미있게 영어를 배우는 것', '매일 꾸준히 영어일기를 쓰는 것'과 같이 매우 쉽고 빠르게 빈칸을 완성할 수 있을 것입니다. 우리는 영어를 잘 하지 못하더라도 어렸을 때부터 어떻게 하면 영어를 잘할 수 있는지에 대해 무수히 많은 사람들의 의견을 듣고 자라왔기 때문입니다.

이러한 해결책에 각각 자신의 경험을 더하고, 다양한 책과 콘텐츠를 바탕으로 자신만의 학습법을 만들고, 실제 사람들이 일정한 단계에 따라 영어를 잘할 수 있도록 도와준다면 이는 더욱 더 훌륭한 지식으로 재탄생할 것입니다. 궁극적으로는 이러한 지식이 사람들이 돈을 지불하고 들을만한 가치가 있을 정도로 수준을 높여야 하는 것이죠. 이러한 과정을 통해 바로 내가 세상에 전할 수 있는 가치가 만들어집니다.

저 또한 이러한 과정을 통해 제가 세상에 전할 가치를 정하고 만들 수 있었습니다. 저 역시 오랜 시간동안 제가 가장 잘할 수 있는 분야에 대해서 고민했고 그것이 영어 교육임을 깨달았습니다. 효과적인 영어 교육을 위해 기존에 존재하는 많은 책과 강의를 연구했고, 이를 바탕으로 효과적인 단어, 문법, 독해 학습법을 만들어 냈습니다.

이러한 학습법에 따라 많은 학생들을 가르치다보니 저만의 고유한 노하우가 쌓이기 시작했습니다. 이러한 노하우를 바탕으로 『삼등급부터 구등급까지 모여라』, 『수능 영어영역 기출분석의 절대적 코드』, 『누워서 떠먹는 중학영어 VOCA』 등의 책이 출간될 수 있었습니다. 특히 『수능 영어영역 기출분석의 절대적 코드』라는 책은 국내의 유명 영어 카페에 공유되면서 약 3000건 이상의 블로그 공유가 이루어졌습니다. 그것이 선순환이 되어 더 많은 학생들을 만날 수 있었을 뿐만 아니라 영어 교육에 관한 노하우도 더 체계적으로 정립할 수 있었습니다. 이것이 바로 제가 세상에 가치 있는 무언가를 처음 전하게 된 과정입니다. 세상에 가치를 전달하는 마케팅의 본질적인 기능을 처음 수행하게 된 것이죠.

지금까지 제시한 영어 교육뿐만 아니라 여러분도 자신만의 강점을 찾기 위해 다양한 질문을 던져볼 수 있습니다. 예를 들면 다음과 같은 것들이죠.

- 동기부여: 예) 나의 꿈을 이루고 동기부여 할 수 있는 3가지 비밀은 ___ 이다.
- 리더십: 예) 다른 사람을 이끌고 팀을 운영할 수 있는 3가지 비밀은 ___ 이다.
- 재무관리: 예) 효과적으로 돈을 관리할 수 있는 3가지 비밀은 ___ 이다.
- 사업: 예) 성공적인 사업을 위한 3가지 비밀은 ___ 이다.
- 마케팅: 예) 제품이나 서비스를 효과적으로 홍보하는 3가지 비밀은 ___ 이다.
- 인간관계: 예) 신뢰를 쌓고 인맥을 넓히는 3가지 비밀은 ___ 이다.

- 신앙: 예) 신과 영적으로 통할 수 있는 3가지 비밀은 ___ 이다.
- 심리: 예) 스트레스를 효과적으로 조절하는 3가지 비밀은 ___ 이다.
- 예술: 예) 피아노를 잘 칠 수 있는 3가지 비밀은 ___ 이다.
- 기술: 예) 코딩을 빠르게 배울 수 있는 3가지 비밀은 ___ 이다.

위는 여러분의 강점을 찾기 위해 제시할 수 있는 간단하지만 강력한 틀입니다. 만약 여러분이 속한 분야의 질문이 없다면 여러분이 속한 분야에서 해당된 질문을 던져보고 이에 대한 대답을 깊이 있게 생각해보는 과정이 필요합니다. 바로 답이 떠오르지 않더라도 괜찮습니다. 생각의 끈을 놓지 않고 사색을 하다보면 여러분의 흥미를 자극하는 질문들이 있을 것입니다. 그것에 대해 치열하게 생각하고, 나의 강점을 찾는 것. 이것이 인생을 멋지고 풍요롭게 만들기 위해 첫 번째로 해야 할 일입니다.

사색에 깊이를 더하다.

하루 한 줄의 마법 • ONE
나에겐 특별한 가능성과 잠재력이 있으며,
그것을 성공적으로 발전시킬 것이다.
"당신이 할 수 있다고 믿던지, 할 수 없다고 믿던지
무엇이든 당신이 믿는 대로 될 것입니다."
- 헨리 포드

하루 한 줄의 마법 TWO

새로운 일에 열정적으로 도전하고, 배우는 것을 즐길 것이다.

③ 가치에 전문성 쌓기

배움과 성장: 전문성 쌓기

우리는 앞선 내용을 통해 '세상에 가치를 전하다'라는 마케팅의 본질적인 의미와 함께 세상에 전할 나만의 차별화된 가치를 찾을 수 있는 방법에 대해 알아보았습니다.

만약 이 글을 읽고 계신 여러분께서 치열한 사색의 과정을 통해 세상에 전하고 싶은 여러분만의 가치를 찾아냈다면, 이제는 이러한 가치에 전문성을 입혀야 할 차례입니다. 만약 영어 교육이라는 가치를 찾았다면, 여기에 전문성을 입히기 위해 다음과 같은 질문에 대답할 수 있어야 합니다.

'제가 영어 단어를 외우는 게 정말 어렵고 힘든데,
어떻게 하면 쉽고 빠르게 외울 수 있을까요?'

여러분의 가치가 정말 가치 있으려면 진정으로 사람들이 어려워하는 문제에 대해 명확한 해결책을 제시해줄 수 있어야 합니다. 만약 이러한 초보적인 질문에도 제대로 대답해줄 수 없다면, 여러분이 세상에 외치는 가치는 사람들에게 공허한 메아리로 들릴 뿐입니다.

사람들이 어려워하는 문제에 대해 명확한 해결책을 제시해주기 위해서는 해당 분야에서 끊임없이 배우고 성장하려는 노력이 필요합니다. 그래야 사람들이 무엇을 어려워하는지 깨닫고, 나의 입장이 아니라 사람들의 입장에서 듣고 싶어하는 해결책을 제시해줄 수 있기 때문입니다.

배움과 성장을 위한 도구

끊임없는 배움이라니, 벌써 어렵게 느껴진다구요? 잠시 여유를 갖고 생각해보면 배움은 그리 어려운 일이 아닙니다.

배움은 돈이 없어도 의지만 있다면 누구나 진입할 수 있는 영역입니다. 배우고자 하는 의지가 있다면 배움에는 장벽이 없습니다. 시대가 변했고, 놀라운 인터넷 기술이 지식을 쌓는 과정을 뒷받침합니다. 대학 수준의 지식이 필요한 경우에는 굳이 대학교에 진학하지 않더라도 전 세계 어디에서나 인터넷으로 강의를 들을 수 있는 환경 www.kmooc.kr 이 마련되어 있으며, 심지어 하버드, MIT와 같은 미국 아이비리그 대학의 강의도 들을 수 있는 시스템 mooc.org 도 마련되어 있습니다.

또한 배움에 필요한 책과 영상, 콘텐츠가 주변에 널려있습니다. 가까운 도서관만 찾아가도 여러분이 원하는 분야의 책을 마음껏 볼 수 있으며, 유튜브에 관련 분야만 검색해도 체계적인 지식을 습득할 수 있는 영상들이 넘쳐나고 있습니다.

배움과 성장을 위한 시각화의 힘

만약 여러분이 세상에 전할 가치를 선택하고 이에 대한 전문성을 쌓기로 마음먹었다면, 그 선택을 통해 이루고 싶은 꿈과 목표를 하얀 종이에 크게 써서 붙여놓는 것이 좋습니다. 구체적으로 상상할 수 있는 사진이 있다면 더욱 좋겠지요.

예전에 재수를 하면서 노트 한 편에 고려대학교와 연세대학교 응원전 사진을 스크랩해서 붙여놨던 기억이 있습니다. 이러한 시각화는 1년이라는 긴 시간동안 하나의 목표를 향해서 나아가는데 큰 도움이 되었습니다. 처음 책을 쓸 때에는 머릿속으로 구상한 책 표지를 생생하게 그려서 붙여놓기도 했고, 처음 강의를 할 때에는 존경하는 강사들의 사진을 스크랩해서 눈에 잘 보이는 곳에 걸어두기도 했습니다.

이런 시각화가 가진 힘은 정말로 위대합니다. 매일 가까운 곳에서 보고 읽으며, 다시 한번 꿈과 목표를 상기시킴으로써 꿈을 현실로 만들고 목표를 성취할 수 있도록 끊임없이 여러분을 설레게 만들기 때문입니다. 전문성을 쌓아가는 고되고 힘든 과정 속에서도 여러분이 하얀 종이 위에 적어놓은 꿈과 목표를 되살아나도록 도와줄 것입니다.

이 글을 쓰면서도 제 지적인 능력을 성장시킬 끝없는 지식의 바다가 펼쳐져 있다는 생각에 가슴이 뛰고 설렙니다. 여러분들에게도 이런 가슴 뛰는 설렘이 전해졌으면 좋겠습니다.

내가 원하는 삶이 뭔지 모르겠어요.

매일 3시간에 걸친 수업 준비가 끝나면 영어와 멀리 떨어진 다른 분야의 책을 읽곤 합니다. 그러한 책이 제게 많은 영감을 주기 때문입니다. 어느 날 철학과 관련된 책을 읽다가 존 듀이라는 미국의 철학자가 남긴 멋진 문장을 읽게 되었습니다.

'자아란 이미 완성된 것이 아니라 끊임없는 선택을 통해 만들어지는 것이다.'

이 문장을 읽으면서 '맞아. 우리의 인생은 끊임없는 선택을 통해 만들어지는 것이지'라는 생각이 들면서 제 인생에 중요했던 선택들을 되돌아보게 되었습니다. 수능이 끝난 뒤 재수를 선택한 일, 영어를 가르치는 일을 선택한 일, 지금의 아내와 결혼을 선택한 일, 책을 쓰기로 결심한 일 등을 말이죠. 만약 이러한 선택이 없었다면 내 인생은 어떻게 변해있을까라는 생각도 해봤습니다. 지금과는 상상할 수 없을 정도로 변해버린 삶을 살고 있었겠죠?

저는 과거를 후회하지 않습니다. 오히려 과거의 모든 경험에 감사한 마음을 갖고 있습니다. 10대에는 그 순간 최선의 선택을 한 것이고, 20대에는 그 순간 치열하게 고민해서 선택을 했을 테니까요. 그래서 현재와 미래가 더욱 소중하게 다가오곤 합니다. 현재에 최선을 다하면 밝은 미래가 다가올 것이고 미래의 내가 과거를 돌아볼 때 후회 없는 선택을 했었다고 인정해줄 수 있기 때문입니다. 이처럼 수많은 선택의 조각들이 맞춰져서 삶이라는 퍼즐을 완성한다면, 어떤 선택을 내리는지는 굉장히 중요한 문제입니다.

만약 앞선 내용을 바탕으로 오랜 시간 충분히 사색하고 치열하게 고민했음에도 불구하고 무엇이 나만의 차별화된 가치인지 선택하지 못했다면, 이는 '현재의 선택이 잘못된 선택이면 어떡하지?'라는 불안감 때문일 것입니다. 많은 자기계발서에서 '한 번의 선택이 평생 간다'라는 말로 선택에 두려움을 심어주기도 하고 '기회는 있을 때 잡는 것'이라는 등의 말로 우리들의 선택을 재촉하기도 합니다.

물론 이것도 맞는 말이지만, 애초에 잘된 선택과 잘못된 선택이란 것은 존재하지 않습니다. 이는 주관적인 가치판단의 영역이기 때문입니다. 삶을 살다보면 처음에 잘못된 선택이 결과적으로 잘된 선택으로 돌아오는 경우도 있고, 처음에 잘된 선택이 결과적으로 잘못된 선택으로 나타나는 경우도 있습니다.

만약 객관적으로 잘된 선택이 있다고 해도 잘된 선택만 하는 것이 꼭 좋은 인생이라고 말할 수도 없습니다. 사람은 실수와 실패를 통해서 배우고 성장해나가는 존재니까요. 잘된 선택이 하얀색이라면, 살면서 잘된 선택만을 한 사람의 인생은 온통 하얀색으로만 칠해져 있을 것입니다. 하지만, 잘된 선택과 잘못된 선택을 한 사람의 인생은 매우 다채로운 색으로 칠해져 있을 것입니다. 선택을 두려워하지 마세요. 선택을 두려워하는 순간 어떤 행동도 시작하지 못하게 됩니다.

여러가지 가치를 선택하고 이를 세상에 전하면서 다양한 시행착오를 해보는것도 괜찮습니다. 오랜 시간 깊이 있게 생각하고 치열하게 사색해보세요. 다만 잘못된 선택이 두려워서 행동으로 옮기지 못하는 일은 없었으면 좋겠습니다. 좋은 경험이든 나쁜 경험이든 모두 우리의 인생이라는 캔버스를 아름답게 칠해주는 다양한 색깔들이니까요.

사색에 깊이를 더하다.

하루 한 줄의 마법 • TWO
새로운 일에 열정적으로 도전하고,
배우는 것을 즐길 것이다.
"인생에서 가장 멋진 일은 사람들이
당신이 해내지 못할 거라
장담한 일을 해내는 것이다."
- 월터 배젓

하루 한 줄의 마법 THREE

한 주에 최소한 한 권의 책을 읽고 사색하여 반드시 내 것으로 만들 것이다.

④ 가치 차별화하기: 독서와 사색

앞선 시간들을 통해 우리는 세상에 전할 우리들의 가치를 찾고, 그것에 전문성을 쌓는 방법에 대한 이야기를 나눴습니다. 이렇게 여러분의 가치에 전문성을 쌓고 나면 차별화라는 단계에 진입하게 됩니다. 이 단계에서 여러분이 마주하게 될 질문은 다음과 같습니다.

'(수많은 경쟁자들이 있음에도 불구하고) **왜 당신에게 배워야 합니까?'**

'(수많은 경쟁 제품이 있음에도 불구하고) **왜 당신 제품을 사야 합니까?'**

제 분야만 생각해도 세상에 영어를 잘하는 사람은 굉장히 많습니다. 심지어 한국인이기 때문에 회화에서는 원어민보다 부족한 점이 훨씬 많죠. 그렇기에 많은 사람들이 자신만의 가치를 찾고, 전문성을 쌓는 일까지 다가서도 차별화라는 단계 앞에서 포기하는 경우가 많습니다. 겉으로 보기에는 단순해 보여도 사실상 굉장히 까다롭고 어려운 질문이기 때문입니다. 마케팅을 하는 모든 사람들의 고민도 바로 이 지점입니다. '어떻게 차별화할 것인가?' 이런 물음이 계속 우리를 괴롭히는 질문이 될 것입니다.

우리의 인생을 변화시키는 과정에서 우리의 가치를 차별화하기 위해서는 사색의 깊이를 더하는 일이 필요합니다. 즉, 치열하게 사색하고 고민하는 과정이 필요하다는 의미입니다. 마케팅은 끊임없이 고민하는 과정 그 자체라고 했던 말, 기억나시나요? 이것의 진정한 의미는 바로 가치를 차별화하는 과정입니다.

뿌리 깊은 나무가 튼튼하게 자라나듯이 생각의 뿌리가 깊은 가치는 언제 어디서나 푸르게 빛이 날 것입니다. 여기서 사색의 깊이를 더하는 일은 곧 독서와 연관됩니다. 여러분이 지금 이 책을 읽는 것도 남들과 인생을 차별화하는 중요한 과정중의 하나죠. 갑자기 사색의 깊이를 이야기 하고, 독서에 대해 이야기 하니 벌써 머리가 지끈거리는 사람도 있을 것입니다. 그럼에도 불구하고 독서와 사색은 무척이나 중요한 주제입니다.

종종 강연을 통해서도 동일하게 독서와 사색의 중요성에 대해 이야기 합니다. 그때마다 항상 '사색의 깊이를 더하기 위해 추천해 주실 만한 책이 있나요?'라는 질문을 받습니다. 고전부터 시작해서 인문학, 철학, 경제, 경영에 이르기까지 훌륭하고 탁월한 책이 정말 많지만, 저는 여러분의 전문성에 깊이를 더해줄 책부터 먼저 읽으라고 말씀드리고 싶습니다. 이것이 나중에 여러분의 가치를 전달하기 위해서 책을 쓸 때 꼭 필요한 토양이 되기 때문입니다. 또한 미래에 책을 쓰기 위해 책을 읽다보면 자연스레 목표가 생겨서 더욱 정독하게 되고, 깊이 있게 생각하게 됩니다. 여러분의 분야와 직접적인 관련이 있는 책이다 보니 더욱 쉽고 편안하게 읽을 수 있는 것은 당연한 이치입니다.

이렇게 여러분이 속한 분야의 책을 깊이 있게 읽다보면 자연스럽게 어떻게 남들과 차별화할 수 있는지에 대한 영감이 떠오르기 시작합니다. 마케팅을 하는 사람들의 근원적인 고민이 점차 해결되기 시작하는 것이죠. 예를 들어, 저는 수능 영어영역 독해에 관한 책을 여러 권 구매해서 깊이 있게 분석해보는 과정을 거쳤습니다. 그 과정을 통해 어떤 학습법이 학생들에게 도움이 되고 사랑받을 수 있는지에 대한 아이디어가 샘솟았습니다. 기존에 나온 책들을 살펴보니 이론에 치중한 나머지 학생들이 쉽게 이해하기 어려운 내용으로 가득 차 있는 경우가 많았습니다. 또한 이해하기 쉬운 사례가 풍부하게 담겨 있었지만, 학생들이 다양하게 연습할 수 있는 문제들이 빈약하게 제시된 경우도 있었습니다. 반면 다양한 연습 문제는 많았지만 학생들이 이해할 만한 설명과 사례가 부족한 경우도 있었습니다.

이러한 분석을 바탕으로 학생들이 이해하기 쉬운 수능 영어영역 지문의 논리 체계와 문제풀이 전략을 만들어냈습니다. 그런 뒤에 학생들이 이러한 논리와 전략을 적용할 수 있는 다양한 문제들을 제공하고, 나만의 학습법 노하우까지 세심하게 정리해두었습니다. 이쪽 분야에 해당하는 책을 깊이 있게 읽다보니 저만의 노하우와 색깔이 들어간 차별화된 가치를 만들 수 있게 된 것이죠. 이는 나중에 기존의 도서와 차별화된 책을 쓸 때에도 큰 도움이 되었습니다.

독서와 사색, 오늘은 여러분에게 이 두 개의 키워드를 강조해서 말씀드렸습니다. 제가 좋아하는 공부법 책 중 하나인 『완벽한 공부법』을 짧게 소개하며 오늘의 이야기를 마무리하고자 합니다. 이 책의 소개에 들어가 보면 다음과 같이 쓰여 있습니다.

'지금까지 이런 '공부법' 책은 없었다. 수많은 공부법 책이 있지만, 많은 책들이 한 사람의 인지적 활동인 공부에 대한 본질적인 이해가 '결여'된 상태에서 개인의 특정 '경험'을 과학적 근거 없이 경솔하게 일반화 시키거나 공부를 '시험'이라는 협소한 영역에 국한시키고 있다. 하지만 '완벽한 공부법'은 다르다. 이 책은 교육학, 인지 심리학, 뇌 과학, 행동경제학 등이 밝혀낸 이론을 통한 과학적 접근뿐만 아니라 실제 수천 명의 학생 및 직장인들과의 상담을 통해 축적된 실전적 노하우가 함께 녹아져 있다. 공부의 본질에 그 어떤 책보다 가깝게 다가섰으며, 실질적으로 도움이 되는 공부법을 종합적으로 제시하고 있다.'

독서와 사색을 바탕으로 자신만의 논리 체계를 만들고 저자가 실제로 상담을 했던 수많은 사람들을 통해 쌓인 실제적인 경험과 노하우를 더함으로써 책에 자신만의 색깔을 입히는 것. 이것이 바로 여러분의 가치를 차별화하는 근본적인 원리입니다.

비록 이 과정이 쉽지 않을지라도 우리는 끊임없이 독서하고 생각해야 합니다. 우리가 태어난 이 땅 위에서 우리의 지적인 영토를 넓히고, 지식을 탐구하고, 치열하게 사색하는 것만이 오직 여러분을 다른 사람들과 차별화된 가치를 지닌 존재로 만들어줄 것이기 때문입니다.

⑥ 가치 차별화 단계1: 나만의 스토리 만들기

만약 한 노인이 우리에게 보잘 것 없어 보이는 작은 돌멩이를 가지고 온다면, 우리는 어떤 소유욕도, 특별함도 느끼지 못할 것입니다. 하지만 그 노인이 이 돌멩이에 얽힌 놀라운 이야기를 들려준다면 어떨까요? 우리는 그 돌멩이를 굉장히 귀하고 특별하다고 느낄 것입니다. 만약 그 돌멩이가 성서에 등장하는 골리앗을 때려잡은 다윗의 돌멩이라면 전 세계에 단 하나밖에 존재하지 않는 역사적인 유물이 될 것입니다.

이것이 바로 스토리가 가진 힘입니다. 세상에 아무리 셀 수없이 많은 돌멩이가 있어도 이러한 스토리를 가진 돌멩이는 단 하나뿐입니다. 스토리는 모두가 획일화된 스펙과 능력을 보여주는 세상 속에서 나만의 차별화된 매력을 갖도록 만드는 비밀 열쇠와 같습니다.

우리가 세상에 전할 가치를 차별화하고 싶다면, 독서와 사색 그 다음으로 해야 할 일이 바로 여러분의 가치에 스토리를 입히는 일입니다. 이는 마케팅에서 다른 제품들과 차별화된 가치를 만드는 것과 깊이 연결되어 있습니다. 기술이 발전하면서 기능과 디자인이 서로 비슷해질 때 그 브랜드와 제품이 가진 스토리가 사람들의 마음을 움직이는 것처럼, 우리가 세상에 전할 가치에도 스토리가 입혀지면 다른 사람들의 가치와 차별화된 특징이 만들어지는 것입니다.

그렇다면 어떻게 하면 다른 사람들의 마음을 사로잡는 세련된 스토리를 만들 수 있을까요? 이 역시 간단한 질문에서 시작됩니다.

'여러분은 과거 있었던 고민과 문제를 어떻게 해결하였나요?'

여러분이 세상에 전하는 가치는 본질적으로 다른 사람들이 겪는 고민과 어려움을 해결해줄 수 있을 때 빛을 발합니다. 영어 교육이라는 가치를 세상에 전한다면 영어 점수가 낮거나 영어 때문에 어려움을 겪는 학생들의 고민을 해결해줄 수 있어야 하는 것입니다. 이러한 고민을 해결할 근본적인 열쇠는 바로 자신의 과거 경험에 놓여있습니다. 제가 영어를 공부했던 방식과 영어를 가르치면서 깨달았던 노하우가 쌓여서 학생들의 고민에 대한 해결책이 되는 것이죠.

이런 경험을 바탕으로 사람들의 마음을 사로잡는 세련된 스토리를 만드는 4가지 요소를 발견했습니다. 이는 다음과 같습니다.

1. 당신의 누구입니까?

2. 당신은 어떤 어려움이 있었으며, 어떻게 그 어려움을 극복했습니까?

3. 당신은 그 과정에서 무엇을 발견했습니까?

4. 당신의 이야기가 다른 사람의 삶에 어떻게 연관될 수 있습니까?

위의 4가지 요소를 모두 포함하고 있는 스토리는 사람들에게 강한 신뢰성을 부여합니다. 만약 화장품을 통해 세상에 아름다움이라는 가치를 전하는 사람이라면, 자신의 화장품에 다음과 같은 스토리를 입힐 수 있을 것입니다.

'저는 강원도 산골에서 평범하게 자라온 여자입니다. 어렸을 때 아토피가 유난히 심해서 부모님은 저 때문에 많은 고생을 하셨지요. 아버지는 산에 약초를 캐러 다니는 일을 하셨는데, 사람들에게 아토피에 좋은 약초가 있다는 소식을 들으면 아버지는 그 약초를 찾으러 몇 날 며칠 동안 산을 돌아다니기도 했습니다. 그러던 어느 날 아버지는 '신의 선물'이라는 약초를 발견하였습니다. 그 약초는 다른 약초와 달리 피부에 거부반응도 없고 아토피 치료에 큰 효과가 있었습니다. 1년 동안 꾸준하게 바르고 나니 아토피는 씻은 듯이 완쾌되었습니다.

아토피로 인해 굉장히 많은 놀림도 받고 상처도 받았습니다. 그래서 아토피가 있는 아이들에게 이 약초를 활용해 아토피를 치료해줄 수 있는 화장품을 만들고 싶다는 생각을 하게 되었습니다. 오랜 연구와 노력의 결과 끝에 '신의 선물'이라는 화장품이 탄생하게 되었습니다.

이 화장품은 국가에서 인정받은 기관을 통해 아토피로 고생하는 사람들에게 큰 효과가 있음이 밝혀졌습니다. 제 경험과 노력이 아토피로 고통 받고 있는 모든 사람들에게 도움이 되길 바랍니다.'

이러한 스토리를 들으면 진심이 느껴집니다. 이렇게 진심이 느껴지는 스토리는 발 없는 말이 천리를 가듯 자연스럽게 수많은 사람들에게 퍼져나갑니다. 저 역시 이러한 4가지 요소를 포함하여 다음과 같은 저만의 스토리를 만들었습니다. 이는 강연을 마치고 '어떻게 영어 교육을 시작하게 되었습니까?'라는 질문이 나올 때마다 들려드리곤 하는 이야기입니다.

'저는 평범하게 자라온 사람입니다. 어린 시절에는 집안이 경제적으로 많이 어려웠고, 초등학교 때는 운동과 게임을 좋아해서 공부를 등한시하고 살았지요. 그러다가 중학생이 되면서 반드시 성공해야겠다는 생각을 하게 되었습니다. 저는 그 방법으로 공부를 택했죠. 근데, 초등학교 내내 공부를 안 하던 제가 뭘 제대로 했겠습니까. 맨날 실패하고 좌절하기 일쑤였죠.

하지만 포기하지 않고 공부를 하다 보니 점점 실력이 늘고 재미가 붙기 시작했습니다. 공부 중에서는 영어가 가장 재미있었습니다. 처음에는 꼬부라진 글씨로 된 영어가 읽기 어려워서 어떻게 하면 쉽게 단어를 외울까, 어떻게 하면 어법을 쉽게 공부할 수 있을까 고민하며 다양한 시행착오를 겪다보니 저만의 학습 노하우가 생기게 되었습니다. 같은 분야의 책을 여러 권 읽고 훌륭한 선생님들의 가르침을 받다보니 점수가 크게 올랐고, 외고에도 진학하고 고려대학교에도 갈 수 있게 되었습니다.

이후 많은 학생들을 가르치면서 저의 학습법이 효과적이라는 것을 더욱 깊이 깨닫게 되었습니다. 이를 책으로 출간하면서 독자들에게 제 책이 공부에 도움이 되어 감사하다는 메일을 참 많이 받았습니다. 오늘 제 강연의 내용이 과거의 저처럼 영어 공부에 어려움을 겪는 학생들에게 많은 도움이 될 수 있기를 바랍니다.'

강연을 통해 정말 여러 번 말한 이야기지만 이렇게 언어로 옮겨 보니 또 새롭게 느껴집니다. 이렇게 자신의 경험에 기반한 진정성 있는 스토리는 누구나 만들 수 있습니다. 잘 만들어진 하나의 스토리는 새롭게 창조된 여러분만의 길이며, 그 길 위에서 여러분의 경쟁상대는 존재하지 않습니다. 또한 이는 여러분들을 수많은 비슷한 사람들 사이에서 특별한 존재로 만들어주며, 여러분의 가치를 높여줍니다. 반드시 여러분만의 스토리가 있어야 하는 이유입니다.

⑥ 가치 차별화 단계2: 나만의 자기소개 만들기

이쯤에서 마케팅의 의미에 대해 다시 한번 살펴볼까요? 마케팅은 본질적으로 나만의 가치를 세상에 전하는 과정입니다. 또한 마케팅의 궁극적인 목적은 수익을 창출하는 것이죠.

만약 치열한 사색과 독서의 과정을 통해 여러분이 찾은 가치에 전문성이 쌓였다면, 다른 가치와 차별화되기 시작하는 순간부터 사람들은 자연스럽게 여러분의 가치에 돈을 지불하게 될 것입니다. 돈은 자연스럽게 따라오게 되는 것이지요.

그렇기에 이번에는 여러분의 가치를 차별화시킬 수 있는 두 번째 방법인 차별화된 자기소개에 대해 알려드리겠습니다. 앞서 이야기한 차별화된 스토리 만들기에 이어서 차별화된 자기소개를 만드는 것도 굉장히 중요합니다.

최근에 국방부에서 선정된 대한민국을 대표하는 멘토단에 선정되어 군 장병들을 위한 멘토링에 참석했던 적이 있습니다. 각 분야에서 뛰어난 성취를 이룬 10명의 멘토단이 무대 위에서 자신을 소개하는데, 많은 분들이 다음과 같이 이야기를 하는 것을 보고 놀랐습니다.

'안녕하세요, ○○회사 대표 ○○○입니다. 저는 A 분야에서 일하며, B분야에도 관심을 갖고 책을 쓰고 강연을 하고 있습니다. 아, 최근에는 C라는 분야에 투자도 진행하는 중입니다.'

자기계발과 성장에 관심이 많은 사람일수록 다양한 사람을 만나고, 여러 분야에 관심을 갖는 것은 자연스러운 일입니다. 그러나 짧은 시간동안 다른 사람들과 달리 명확하고 차별화된 이미지를 듣는 사람들의 머릿속에 심어주기 위해서는 단 한 가지에 집중해서 이야기하는 것이 좋습니다. 바로 자신이 세상에 전하려는 가치에 대해서 말이죠.

우리는 세상에 전할 자신만의 가치를 정하고, 여기에 독서와 사색, 스토리를 입혀 차별화된 가치를 만들어냈습니다. 자기소개는 이러한 가치를 짧은 시간 내에 명확하고 차별화된 방식으로 전달하는 방법입니다. 이를 위해서는 오직 단 한가지 가치에만 집중해야 합니다. 이것이 바로 차별화된 자기소개를 만드는 핵심 전략입니다. 이는 또한 마케팅에서 다른 제품들과 차별화된 가치를 만드는 것과 깊이 연결되어 있습니다.

제가 좋아하는 작가 중 한 명인 사이먼 시넥은 『골든 서클』 이론을 통해 효과적인 가치 전달을 위한 의사소통 방법에 대해 자세히 설명해주고 있습니다. 그는 역사적으로 뛰어난 리더들이 자신의 신념과 목적을 정립하는 '왜Why'라는 질문을 던짐으로써 모든 것을 시작했다고 이야기합니다. 그들은 자신이 이 일을 왜 해야 하는지, 왜 이 방향으로 가야만 하는지에 대한 명확한 이유와 목적을 알고 있었고, 그들의 행동은 믿는 그대로를 증명해 나가는 방식으로 구체화되었던 것이죠.

예를 들어 볼까요? 일반적인 회사들이 자신의 제품을 소통하는 방식을 살펴보면 그들이 팔고자 하는 제품을 먼저 설명하고what, 그들이 어떤 식으로 그 상품을 만들었는지how 설명하려는 경우가 많습니다. 왜why는 빠져있고, 자신의 제품에 대한 이야기부터 시작을 하는 것이죠.

반면에 우리가 모두 잘 알고 있는 스티브 잡스의 경우 이와 다른 방식으로 세상에 애플을 소개했습니다. 애플은 기존의 관념을 깨고 혁신하는 것이 애플의 사명이며why, 그렇기 때문에 보다 아름답고 사용자 친화적인 제품을 만들어 낼 수 있었고how, 그 결과 남들과는 다른 최고의 제품iPhone을 만들어내게 되었다what라고 이야기합니다. 애플의 신념과 목적을 정립하는 '왜why'라는 질문에 대한 대답으로 고객과의 소통을 시작하는 것입니다.

우리가 차별화된 가치를 세상에 전하는 전략도 바로 여기에서 시작합니다. 차별화된 가치라면 사람들의 마음을 사로잡고, 그들의 반응을 이끌어 낼 수 있어야 합니다. 그렇게 하기 위해서는 여러분이 세상에 가치를 전하려는 이유를 단 하나의 가치로 명확히 드러내야 합니다. 그래야만 사람들의 머릿속에 여러분의 가치가 선명하게 전달될 수 있습니다. 이는 많은 사람들 앞에서 자기소개를 할 때에도, 강연에 앞서 여러분을 소개할 때에도, 여러분의 회사와 브랜드를 소개할 때에도 적용되는 법칙입니다.

저는 강연을 시작하기 전에 무대에 올라가서 다음과 같이 저를 소개하는 편입니다.

'안녕하세요, 세움영어 대표 장진우입니다. 오늘 정말 많은 분들이 와주셨네요. 저는 여러분들의 영어 성적 향상을 위해 지난 10년간 오직 수능 영어만을 연구하고 가르쳐온 사람입니다. 오늘 이 시간을 통해서 제가 알고 있는 모든 영어 학습법과 노하우에 대해서 알려드리겠습니다.'

이 역시 매번 강연 때마다 했던 이야기지만 언어로 옮기고 나니 새로운 느낌으로 다가오는 것 같습니다. 이 책을 읽는 분들이라면 여러분이 세상에 전할 단 하나의 가치를 마음속에 잊지 않으셨으면 좋겠습니다. 오직 그것만이 효과적인 의사소통 전략과 결합되어 사람들의 마음을 사로잡고, 사람들의 행동을 불러일으키는 강력한 힘이 되기 때문입니다. 바로 이곳에 가치 차별화의 비밀이 숨어있습니다.

❼ 가치 차별화 단계3: 나만의 이미지 만들기

우리는 아름다운 것에 끌리는 본성을 가지고 있습니다. 그렇기 때문에 여러분이 찾은 가치에 전문성을 입히고 차별화 시켰다고 할지라도, 아름답지 않다면 사람들의 시선을 끌어당길 수 없을 것입니다. 만약 여러분의 가치가 제품이라면 디자인이 아름다워야 하고, 지식이라면 물리적 형태로 존재하는 책의 표지가 아름다워야 하고, 사람이라면 외적인 모습이 호감을 끌 수 있어야 할 것입니다.

외적인 부분에서 스스로가 아름다움과 멀다고 느끼는 사람도 그 자체로 충분히 아름다움을 드러낼 수 있습니다. 우리는 모두 고유한 아름다움을 가지고 태어난 존재이기 때문입니다. 뿐만 아니라 우리의 가치가 꼭 외적인 아름다움일 필요는 없습니다. 앞서 이야기했듯이 우리가 전하려는 가치의 디자인을 아름답게 만드는 것 또한 아름다움에 해당하기 때문입니다.

아름다움과 이미지에 대해 탐구하면서 찾은 흥미로운 사례가 있습니다. 미국의 유명한 경제분석가 로버트 커트너Robert Kuttner인데 그는 자신의 가치를 세상에 전하기 위해 아름다운 이미지를 활용한 의사소통을 효과적으로 수행한 사람입니다. 그는 미국 〈비즈니스 위크〉의 'Economic Viewpoint'에 정기적으로 칼럼을 연재하고, 몇 권의 책을 쓸 정도로 자신의 가치에 높은 수준의 전문성을 쌓은 사람이었지만, 자신의 가치에 비해 많은 사람들에게 알려지지 못하고 있었습니다. 하지만 우연한 기회로 이미지 컨설턴트의 도움을 받고 아름다운 이미지를 활용한 의사소통 전략을 수행하자 상황이 달라지기 시작했습니다.

그는 자신의 전문성을 드러낼 수 있는 모습으로 세련된 프로필 사진을 촬영하고, 자신의 브랜드를 드러내는 로고를 만들고, 그 로고가 담긴 명함을 만들고, 자신의 가치를 담은 포트폴리오를 체계적으로 정리해서 멋진 브로슈어를 만들었습니다.

그가 정기적으로 참석하던 네트워킹 파티에서 우연히 만난 사람에게 자신의 명함과 포트폴리오를 건네주었고, 그것을 계기로 국립공영라디오National Public Radio를 통해 경제 논평을 할 수 있는 기회를 얻게 되었습니다. 그는 이를 바탕으로 더 많은 방송과 라디오에 출연하며 자신의 가치를 세상에 전달했고, 그 결과 그는 경제정책에 관한 인기 방송인이 되었을 뿐만 아니라 대중들에게 경제 현안을 이해하기 쉽게 설명하는 전문가로 이미지가 형성되었습니다.

이 모든 일이 단순히 멋진 프로필 사진과 로고, 명함과 브로슈어 때문에 일어난 것은 아닙니다. 오랜 시간 자신의 가치에 대해 전문성을 쌓고, 차별화시키려는 노력을 기울였기에 아름다운 이미지를 통한 의사소통 전략이 효과가 있었던 것입니다. 우리가 사랑하는 사람에게 줄 선물을 아름답게 포장하는 것처럼, 우리가 소중한 사람들에게 전할 우리의 가치를 아름다운 이미지로 포장하는 것도 너무나 자연스러운 일입니다.

처음 시작이 어렵다면 제가 예시로 제시한 로버트 커트너Robert Kuttner의 발자취를 따라가 보는 것도 큰 도움이 됩니다. 인스타그램을 통해 프로필 사진을 검색해서 우리의 전문성을 잘 드러낼 수 있는 모습으로 프로필 사진을 촬영할 수 있습니다. 촬영에 필요한 사진작가나 스튜디오, 가격에 대한 정보도 쉽게 파악할 수 있습니다. 주변에 디자이너가 없어서 로고와 명함, 브로슈어 디자인이 어렵다면 크몽, 숨고와 같은 사이트를 통해서 여러 디자이너들에게 포트폴리오와 견적을 받아볼 수 있습니다. 그중에서 마음에 드는 것을 선택하기만 하면 되는 것이죠.

이러한 사례를 따라 영어 교육이라는 전문성을 드러낼 수 있는 방식으로 프로필 사진을 촬영했습니다. 깔끔한 정장을 입고, 한 손에는 마이크를 들고 말이죠. 친한 지인에게 부탁해서 제가 선호하는 골드와 블랙 색상을 넣은 로고와 명함, 브로슈어도 만들었습니다.

이러한 모든 과정은 저에게 행복으로 다가오곤 합니다. 아름다운 이미지를 만드는 것은 무형의 가치를 유형의 가치로 전환하는 과정이기 때문입니다. 세상에 전할 나의 무형의 가치를 유형의 사진과 로고와 명함, 브로슈어로 받아보는 것은 정말 기쁘고 흥분되는 경험입니다.

첫 프로필 사진을 페이스북과 인스타그램에 프로필 사진으로 등록했을 때의 행복한 감정, 제 첫 로고를 블로그 이미지로 등록했을 때 느꼈던 설렘은 모두 다 아름다운 기억으로 남아있습니다. 이러한 감정은 프로필 사진이 표지에 들어간 책을 받아볼 때 극대화됩니다. 처음으로 제 프로필 사진이 표지에 들어간 『지식을 돈으로 바꾸는 기술』이 출간되었을 때 느꼈던 설레는 감정을 아직도 잊지 못하고 있습니다.

여러분의 지적인 성장이 아름다운 이미지라는 유형의 결과로 나오는 순간을 기대합니다. 이는 여러분 인생의 가장 열정적인 순간을 기록할 수 있는 멋진 방법이기도 하며, 여러분이 세상에 전하는 아름다운 가치를 통해 행복을 얻을 사람들을 위한 탁월한 방법이기도 하니까요.

성공적인 이미지 변신의 비밀

> "자신을 꾸미는 일은 사치가 아니다"
> - 코코 샤넬

영화 '마이 페어 레이디My fair lady'를 보면 시골 처녀인 오드리 햅번이 고상한 상류층 아가씨로 완전히 변신하는 장면이 등장합니다. 저명한 언어학자인 히긴스의 도움으로 이미지 변신에 성공한 그녀는 새로운 자신을 발견하고, 한층 넓어진 세상을 경험하게 되죠.

이는 한 소녀의 이미지 변신을 보여주지만 자신만의 이미지를 만들고자 하는 사람들에게 많은 사색거리를 제공해줍니다. 단순한 외모의 변화뿐만 아니라, 목소리, 신체언어, 스토리에 이르기까지 자신에 관한 모든 것을 더 돋보일 수 있도록 세련되게 만드는 과정이 반드시 필요하기 때문입니다.

보통 '세련되다'라는 말은 품위 있고 의식 수준이 뛰어나다는 느낌을 전달하는데, 이미지를 만드는 과정에서 '세련되게 만드는 것'이란 사람들의 기대를 충족하는 방향으로 이미지 변신을 한다는 뜻이 담겨져 있습니다. 패션 디자이너, 헤어스타일리스트와 같은 전문가들의 도움을 받으면 더욱 세련된 이미지를 만들 가능성이 높아집니다.

하지만 모두가 전문가의 도움을 받을 수는 없죠. 처음에는 전문가의 도움 없이 혼자서 여러분의 이미지를 세련되게 바꿔 나가야 합니다. 그렇기 때문에 처음에는 다음의 3가지 요소에 집중해서 변화를 시도하는 것이 좋습니다.

1. 상징과 상징물
2. 외모(외적인 요소)
3. 목소리

상징과 상징물

'상징'은 여러분의 이미지를 함축해서 전달하는 기능을 합니다. 만약 소개팅에 나가서 '터프가이'의 이미지를 전달하고 싶다면, 터프가이의 속성이 되는 상징물을 갖춰야 합니다. 보통 '터프가이'라고 하면 흔히 검은 가죽점퍼를 입고 말을 툭툭 내뱉으며 거들먹거리는 모습이 연상됩니다. 이와 같이 하나의 이미지를 전달하기 위해서는 몸짓, 얼굴표정, 걸음걸이와 같은 외적인 요소뿐만 아니라 옷, 선글래스, 보석류 등의 액세서리와 같은 상징물도 함께 필요한 것입니다.

이와 같이 상징은 무형의 가치를 유형의 가치로 분명하게 드러내고 표현할 수 있도록 도와줍니다. 보통 우리가 전달하고자 하는 가치는 추상적인 경우가 많습니다. 제가 가르치는 영어만 해도 그 자체로는 형태가 없습니다. 음악도 그렇고, 사랑도 그렇습니다. 가치라는 추상적인 것은 형태가 없습니다. 저는 영어 교육이라는 가치에 전문성이라는 이미지를 입히고 싶어서 학생들을 가르칠 때에는 항상 정장을 입고 있습니다. 또한 교육은 학생들의 인생을 변화시키는 일이기에 진정성이 함께 담겨야 합니다. 그렇기에 학생들에게 하는 말, 얼굴 표정까지 세심하게 신경을 쓰고 수업을 하고 있습니다.

외모(외적인 요소)

얼굴, 헤어스타일, 키, 옷차림 등에서 인상을 느끼듯 사람의 이미지는 대부분 겉모습으로 나타납니다. 처음으로 많은 사람들에게 가치를 전해야 한다면 '외모도 경쟁력이다'라는 시장의 요구를 받아들여야 합니다. 젊은 사람들에게 가치를 전해야 하는 사람이라면 외모를 젊게 꾸미고 헤어스타일도 유행에 맞게 바꿀 필요가 있습니다.

이러한 외모의 중요성은 과학적으로도 입증되었습니다. 미국의 뇌 과학자인 폴 왈렌Paul J. Whalen은 대부분의 사람들이 3초 만에 상대방에 대한 첫 인상을 결정한다는 '초두 효과'를 발견하였습니다. 우리의 뇌는 편도체를 통해 0.1초도 안 되는 극히 짧은 순간에 상대방에 대한 호감도와 신뢰도를 평가하며, 첫인상을 결정짓는 중요 요인은 외모, 목소리, 말하는 어휘의 수준 순으로 나타났습니다.

남성들의 경우 대부분 눈썹만 다듬어도 인상이 크게 달라집니다. 제가 딱 그런 경우였습니다. 눈썹 한 쪽이 약간 올라가있는 산 모양에 이곳저곳에 듬성듬성 나있는 눈썹이 지저분한 인상을 주었습니다. 아내의 도움을 받아 눈썹을 살짝 다듬기만 했는데도 훨씬 깔끔하게 보였습니다. 안 믿기시다면 지금 거울 앞에 가서 여러분의 눈썹을 확인해보세요. 그리고 눈썹 칼로 눈썹의 지저분한 선을 깔끔하게 정리한 뒤에 이전 모습과 비교해보세요. 확연한 차이가 느껴질 것입니다.

이는 얼굴에서 눈썹이 차지하는 비중이 생각보다 크기 때문입니다. 이는 관상학에서도 동일하게 적용됩니다. 관상학에서 눈썹은 '얼굴의 지붕'이라고 할 만큼 중요한 대상으로 여겨졌습니다. 그렇기에 눈썹이 지저분하거나 모양이 이상하면 대인관계에서 좋은 이미지를 주기 어려운 것이죠.

패션 또한 외모와 첫인상을 결정짓는 중요한 요소 중의 하나입니다. 여러 옷을 입어보면서 자신의 신체 사이즈에 맞는 크기와 색채의 옷을 찾아가는 것이 좋습니다. 저는 키가 크지 않아서 하얀 와이셔츠에 그레이 또는 네이비 색 정장을 주로 입고 있습니다. 제가 가진 단점을 가장 잘 보완해주기 때문입니다. 만약 여러분의 신체에 적합한 옷을 고민하고 있다면 이미지 컨설턴트인 제임스 그레이James G. Gray의 조언이 도움이 될 수 있습니다.

'키가 작은 사람일수록 자신의 신체적 결함을 최대한 숨기고 키를 크게 보이도록 하면서 권위 있는 인상을 풍겨야 한다. 또한 몸집을 키울 필요가 있다. 하얀 와이셔츠에 가는 스트라이프 재킷과 같이 어두운 색 옷을 입으면 권위 있는 이미지를 준다. 키가 작은 사람에게는 색이 대비되는 옷이 잘 어울리는데, 작은 키가 크게 보이는 효과가 있기 때문이다.'

이처럼 자신의 단점을 보완하고, 장점을 돋보이게 만드는 것이 중요합니다. 처음에는 무척 어렵게 느껴지지만, 옷 가게에 들어가서 다양한 옷을 입어보고 자신을 더욱 빛나게 하는 옷 스타일이 무엇인지, 옷 색채는 무엇인지 알아보는 것은 여러분 자신에 대해 더 욱 깊이 알아가는 시간을 제공해줄 것입니다.

목소리

제가 대학교 때 연극을 하면서 가장 많이 달라진 부분이 목소리입니다. 여름방학 두 달간 먼 객석까지 목소리로 대사를 전달하기 위해 매일 아침마다 모여서 30분씩 복식호흡과 발성 훈련을 하고 연기 연습을 하다 보니, 연극이 끝난 뒤에도 배를 사용해서 목소리를 내는 습관이 들었습니다. 덕분에 2학기에 개강하고 나서 목소리가 더 좋아졌다는 칭찬도 많이 들었고, 배를 통해 소리를 내다보니 오래 수업해도 목이 잘 쉬지 않게 되었습니다.

이처럼 목소리는 이미지를 전달하는 핵심 요소입니다. 사람마다 외형과 얼굴이 모두 다르듯이 목소리도 그 사람의 고유한 정체성을 나타내는 중요한 요소이죠. 삶을 살아가는데 있어 소통을 하는 가장 중요한 매개체가 바로 목소리인데, 목소리를 통해 그 사람만의 에너지를 내뿜고 목소리를 통해 자신의 이미지를 상대방에게 각인시키기 때문입니다.

목소리는 사람마다 다릅니다. 목소리 안에 힘과 에너지가 들어가 있는 사람이 있는 반면, 목소리에 자신감이 없는 사람이 있습니다. 목소리에 에너지가 담겨있다고 가정할 때, 어떤 사람은 상대방에게 에너지를 주면서 말하는 반면, 어떤 사람은 상대방의 에너지를 빼면서 말을 하는 것이죠.

상대방에게 좋은 에너지를 주는 목소리를 내기 위해서는 호흡과 발성 그리고 발음, 이 3가지에 주의를 기울여야 합니다. 복식 호흡을 매일 습관적으로 연습하면 다양한 음색을 내고, 고음과 저음을 동시에 들리게 하는 효과를 낼 수 있습니다. 또한 배를 울림통으로 사용하여 소리를 내서 듣기에도 좋습니다. 마지막으로 발음은 아나운서들이 발음 연습을 하듯이 입에 젓가락을 물고 '간장 공장 공장장'과 같은 어려운 문장을 연습하는 것이 큰 도움이 됩니다. 또한 입을 크게 벌리면서 말하는 것도 정확한 발음을 내는데 도움이 됩니다. 발음이 부정확한 사람들을 보면 대부분 입을 거의 움직이지 않고 소리를 내는 것을 알 수 있습니다.

상대를 매혹하는 메라비언의 법칙

소개팅에 나가서 상대방이 저에게 호감이 있는지 없는지를 쉽게 파악하는 방법이 있습니다. 바로 상대방의 자세를 바라보는 것입니다. 만약 저에게 호감이 있다면 눈빛, 목소리, 자세에서 설레는 감정이 전달될 것입니다. 반대로 저에게 호감이 없다면 팔짱을 끼거나 앉아있는 거리를 두거나 자주 핸드폰을 쳐다보곤 하겠죠.

이를 보디랭귀지라고 합니다. 눈빛, 목소리, 자세, 제스처 등 우리의 행동을 포괄하는 넓은 개념이죠.

보디랭귀지는 언어와 함께 다양한 표현을 가능하게 합니다. 엄지손가락을 들어서 최고라는 의미를 표시할 수도 있고, 눈빛만으로도 사랑한다는 표현을 전달 할 수 있죠. 이러한 보디랭귀지를 언어와 상대되는 개념으로 '비언어'라고 부르기도 합니다. 의미를 전달한다는 측면에서 보디랭귀지도 일종의 언어인 것입니다.

이러한 비언어의 힘이 얼마나 강력한지는 캘리포니아 대학교의 심리학과 교수인 앨버트 메라비언을 통해 증명되었습니다. 그는 상대방과 대화를 하는 의사소통에서 중요한 요소들을 분석했는데, 놀랍게도 일반적으로 중요하다고 생각되는 언어7% 보다 시각55% 과 청각38% 과 같은 비언어가 압도적으로 중요한 부분을 차지하고 있었습니다. 그는 이를 자신의 이름을 따서 '메라비언의 법칙'이라고 불렀습니다.

여기서 시각은 자세, 태도, 패션, 제스처 등 외적으로 보이는 부분을 말하며 청각은 목소리의 톤이나 음색처럼 언어가 목소리로 표현되는 형태를 말합니다. 이러한 '메라비언의 법칙'에 따르면 상대방과 의사소통을 할 때 말하는 태도나 목소리 등 언어의 내용과 직접적으로 관계없는 시각, 청각적인 요소가 93%를 차지하여 이것이 여러분의 이미지를 결정합니다. 중요한 소개팅 자리에 전혀 씻지 않은 상태로 나와서 듣기 힘든 높은 톤의 목소리로 자신이 가진 원대한 미래의 꿈과 비전에 대해 얘기하는 남성을 상상해 보면 이러한 시각, 청각적인 요소가 얼마나 중요한 것인지 깨달을 수 있죠.

메라비언의 법칙은 우리의 무의식속에 자리 잡고 모든 영역에 걸쳐서 영향력을 행사하고 있습니다. 회의 때마다 준비되지 않은 태도와 불안한 목소리로 발표하는 직원, 상사가 얘기할 때 마다 팔짱을 끼고 듣는 신입사원은 승진에서 누락될 가능성이 높습니다. 강사가 청중들과 제대로 시선 교환을 하지 못한다던지, 작가가 출판기념회 때 독자들에게 사인을 해주면서 다리를 떨고 있는 모습들은 모두 실패를 끌어당기는 비언어적 행동인 것이죠.

놀랍게도 많은 사람들에게 메라비언의 법칙에 대해 이야기를 하고 혹시 잘못된 비언어적인 습관은 없는지 물어보면 대부분 '절대, 그럴 리가요!'라고 대답합니다. 하지만 비언어는 무의식적으로 표출되기 때문에 우리가 인지하고 있지 못할 가능성이 높습니다. 시험장에서 다리를 떠는 사람이 자신만 다리 떠는 것을 모르는 것처럼 말이죠.

무의식적으로 굳어진 습관들은 자신도 모르는 사이에 튀어나옵니다. 그래서 우리는 다른 사람의 비언어적인 행동에만 주의를 기울일 뿐, 비언어적인 행동에 직접적으로 영향을 받는 자기 자신에 대해서는 잊어버리는 경향이 있습니다. 그렇기 때문에 자신의 가치에 맞는 이미지를 전달하고 싶다면 반드시 자신의 비언어적인 습관에 대해 되돌아봐야 합니다.

이러한 비언어는 상대방과 의사소통의 성패뿐만 아니라 여러분의 생각과 감정까지도 결정짓습니다. 정말 강력한 영향력을 가지고 있죠. 비언어적인 행동으로 인해 생각이 바뀌거나 감정이 달라지고 심지어 인체의 생리가 변화하기도 합니다. 이에 대한 사회학자들의 연구 결과도 존재합니다.

동물의 세계에서는 언어가 제한되기 때문에 비언어의 중요성이 절대적입니다. 오랑우탄은 세력을 확장하는 과정에서 자신을 크게 보이도록 팔을 위로 쭉 뻗고 몸을 쭉 늘려서 공간을 차지하며, 자신을 오픈하는 모습을 보여줍니다. 놀랍게도 사람들도 이와 똑같은 행동을 합니다. 자신보다 낮은 사람 앞에서는 가슴을 넓게 펴고 자신감 있는 모습을 보이지만 자신보다 높은 사람 앞에서는 가슴을 웅크리고 고개를 숙이며 자신감 없는 자세를 취합니다.

여기서 흥미로운 사실은 이러한 '힘의 과시'가 본능적이라는 것입니다. 결승전에 도달한 달리기 선수들은 팔을 벌리며 환호합니다. 축구 선수들이 골을 넣었을 때에도 마찬가지입니다. 이는 사회적으로 학습된 것이 아닙니다. 콜롬비아 대학교의 심리학과 교수인 제시카 트레이시의 연구에 따르면 선천적으로 눈이 보이지 않아서 환호하는 모습을 본 적이 없는 사람들도 육체적인 경쟁에서 이겼을 때 모두 팔을 벌리며 환호하는 행동을 합니다. 결승점을 통과하고 승리한 순간, 본능적으로 사람들은 자신을 크게 보이게 만드는 비언어를 사용하는 것이죠.

이와 반대로 경기에서 지거나 경쟁 회사보다 실적이 떨어졌을 때 우리는 어깨가 축 처졌다고 얘기합니다. 자신을 오픈하는 것이 아니라 닫아버립니다. 몸을 감싸 안고 자기 자신을 최대한 작게 만들고 다른 사람과 부딪히기 싫어하죠. 선생님이 학생을 혼내는 모습에서는 '힘의 과시'와 '어깨처짐' 두 가지 모습이 한 번에 나타납니다. 혼내는 사람은 허리에 손을 올리고 가슴을 활짝 편 반면, 혼나는 사람은 손을 모으고 몸을 살짝 숙입니다. 힘이 있는 사람과 없는 사람이 서로 상반된 비언어를 사용하는 것입니다.

이러한 비언어적 행동이 본질적으로 중요한 이유는 앞서 언급했던 것과 같이 비언어적 행동이 여러분의 이미지를 형성하는데 중요한 역할을 담당하기 때문입니다. 사람들은 행복할 때 웃기도 하지만 웃음으로써 행복해지기도 합니다. 마찬가지로 힘이 있는 모습을 하고 있으면 실제로 더 힘이 나기도 하죠. 지금 이 책을 읽고 있

는 자리에서 가슴을 펴고 팔을 쭉 편 상태로 잠시만 자세를 지속해도 자신감이 생겨날 것입니다.

'잠시 책을 내려놓고 3초만 시간을 내서 앉은 자리에서 가슴을 펴고 팔을 쭉 펴보세요. 기분이 한 결 좋아지는 걸 느낄 수 있을 것입니다.'

이는 여러분의 이미지를 더 멋지게 전달하고, 삶을 변화시킬 수 있는 놀라운 발견입니다. 만약 중요한 발표를 앞두고 떨리고 있다면, 넓은 공터에서 팔을 넓게 펴고 심호흡을 하는 것이 마음을 진정시키고 자신감을 향상시키는데 도움이 될 것입니다. 현재 내 삶이 힘들게 할지라도 언제나 당당하게 어깨를 펴고 자신감 있는 미소를 띠면 생각이 긍정적으로 변화하기 시작할 것입니다. 생각이 변하면 행동이 변하고, 행동이 변하면 인생이 변화하기 시작할 것이기 때문입니다. 그렇기에 저는 '행복해서 웃는 것이 아니라 웃어서 행복한 것이다'라는 말을 좋아합니다.

사색에 깊이를 더하다.

하루 한 줄의 마법 • THREE
한 주에 최소한 한 권의 책을 읽고
사색하여 반드시 내 것으로 만들
것이다.
"나는 책 한 권을 책꽂이에서 뽑아 읽었다.
그리고 그 책을 다시 꽂아놓았다.
그러나 나는 이미 조금 전의 내가 아니다."
— 앙드레 지드

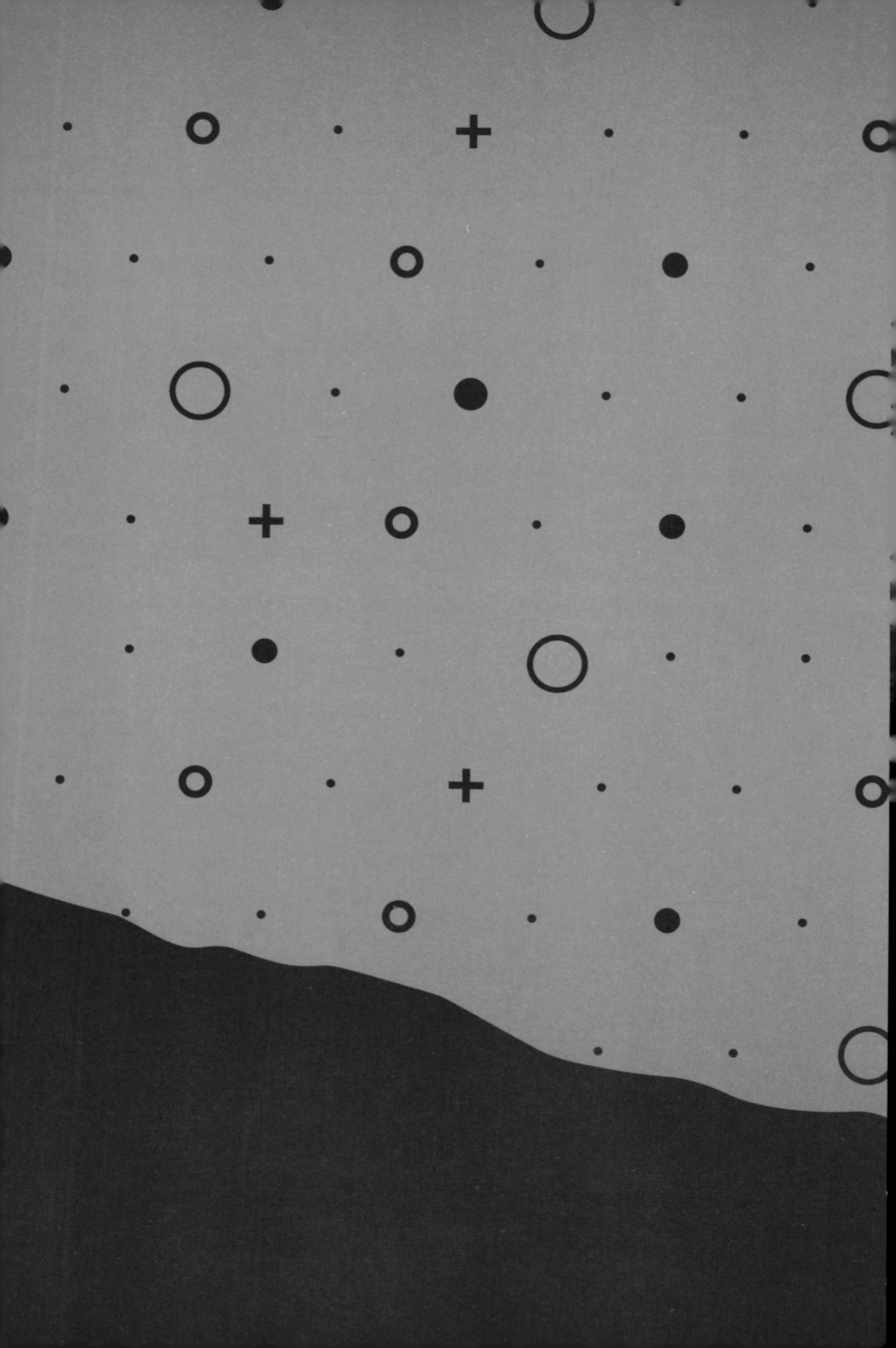

PART 2
전달

하루 한 줄의 마법 FOUR

내 삶의 인생 작품을 반드시 책으로 남길 것이다.

❶ 가치를 글로 전해야 하는 이유

누군가 제 삶을 들여다볼 수 있다면, 글로써 진심을 가장 솔직하게 전할 수 있을 것입니다. 이를 위해 저는 지금부터 제 오랜 일기장을 펼쳐보고자 합니다. 그것은 저의 가장 솔직한 고백이자 여러분이 가치를 글로 전해야 하는 이유에 대한 이야기입니다.

2017년 12월의 일기

현택이형을 군대에서 선임으로 처음 만났다. 그는 자투리 시간

마다 독서를 하고, 자신의 생각을 글로 정리해서 제대할 때 한 권의 책을 출간한다는 목표를 가지고 있었다. 그를 통해 처음으로 책을 쓰는 꿈을 가진 사람을 만나게 되었고, 나도 그와 같이 책을 쓰고 싶다는 꿈을 갖게 되었다. 평소 자투리 시간을 활용해서 독서를 하곤 했는데, 주로 신자유주의 경제정책에 대한 책들을 많이 읽었다. 고등학교 때 모의국회KYMNA에서 외교통상위원회의 의원 역할을 맡아서 한중FTA에 관한 법안을 발의하고 그것의 긍정적인 경제적 효과에 대해 발표한 적이 있었고, 대학교 때 국제통상협상에 관한 수업을 재밌게 들었기 때문이다. 자연스럽게 과거의 경험들이 쌓여 신자유주의 경제정책에 대한 관심이 높아졌고, 신자유주의 경제정책에 관한 찬성과 반대의 논거들을 다룬 책들을 균형감 있게 읽기 시작했다.

신자유주의 경제 정책에 관한 책들을 읽다보니, 책에서 다루는 경제학적 용어들과 그래프가 20대의 시각에서 이해하기에 너무 어렵고 난해하게 느껴졌고, 이를 20대의 시각에서 쉽게 풀어서 설명할 수 있는 책이 있다면 좋겠다는 생각이 들었다. 그렇게 나는 기존에 나와 있는 책의 내용과 데이터를 기반으로 내가 이해한 대로 최대한 쉽게 풀어서 정리하기 시작했다. 그리고 이를 찬성과 반대의 논거들로 분류하고, 마지막으로는 신자유주의가 가진 문제점을 극복할 수 있는 방안들을 정리했다. 모든 원고 작업이 끝난 뒤에는 이 모든 내용을 하나로 묶을 수 있는 제목을 정했는데, 많은 고민 끝에 탄생한 제목이 『황금구속복에 반反하다』이다.

『황금구속복에 반反하다』에서 황금구속복은 신자유주의 경제정책을 상징한다. 신자유주의 진영의 대표 주자인 토머스 프리드먼은 자신의 저서 『렉서스와 올리브』에서 세계화 시대에 선진국이 되기를 원하는 나라는 '황금구속복Golden Straitjacket'을 입어야 한다고 주장하는데, 여기에서 말하는 황금구속복을 입은 나라는 정부 조직의 규모 감축, 규제 완화, 무역 · 외환 자유화, 독점 철폐, 국영 기업의 민영화, 지식재산권 강화 등을 달성해야 한다. 프리드먼은 자신의 책에서 새로운 세계화 경제에서 성공할 수 있는 유일한 방법은 오직 이것뿐이라고 강하게 주장하고 있다. 『황금구속복에 반反하다』라는 책의 제목은 이러한 토머스 프리드먼의 주장을 좋아한다는 의미와 반反대한다라는 의미를 동시에 담고 있다.

이 원고를 제대하기 한 달 전부터 여러 출판사에 이메일로 투고했고, 그 중 한 곳에서 자비출간 형식으로 100권의 책을 출간했다. 이는 2년간의 군 생활을 한 내가 나 스스로에게 주는 선물이 되었다. 이를 통해 나는 출판이라는 새로운 세계를 경험할 수 있었다. 나에게 책 쓰기의 꿈을 심어준 현택이형 또한 제대하면서 『무심장세대』라는 책을 출간했다.

2018년 3월의 일기

2018년 하반기는 내 삶에 굉장히 중요한 시기이다. 올해 2권의 책이 동시에 출간될 예정이기 때문이다. 군대를 제대하며 첫 번째 책을 출간한 뒤에 매년 한 권 이상의 책을 출간하면서 내 노력을 통해 이 모든 것을 이뤄왔다고 생각했는데, 올해 일어난 일들을 보며 이 모든 것이 하나님의 철저한 계획 아래 놓여 있었다는 사실을 깨닫게 되었다.

본래 올해 출간될 책은 작년에 한국경제신문 출판사이하 한경BP 와 계약한 『최고의 존재는 어떻게 만들어지는가』 한 권 뿐이었다. 국내외 저명인사들의 책을 출간하는 한경BP와 계약을 한 것도 하나님의 크신 은혜 가운데 이뤄진 일이었다.

2017년 한경BP와 계약 당시 나는 교육회사 세움영어를 운영하며 페이스북과 인스타그램을 비롯한 소셜 미디어 활동을 활발하게 하고 있었고, 한경BP의 한경준 대표님과도 페이스북을 통해 종종 소통 하고 있었다. 전작 『지식을 돈으로 바꾸는 기술』이 출간과 동시에 베스트셀러에 오르면서, 해외 수출 판권을 담당하는 에이전시를 만나 베트남, 태국, 말레이시아로의 수출을 계획하던 중이었다. 외부 강연 활동이 늘어났고, 이와 함께 소셜 미디어 활동량이 증가하면서 자연스럽게 한경준 대표님과도 소통을 이어갈 수 있었다.

"대표님이 직접 작가님 원고를 챙겨 보라고 얘기해서 이렇게 연락 드립니다. 두 분이 페이스북 친구라고 하시던데요, 저희도 작가님이 운영하는 세움영어에 관심이 있고 이번 책을 통해 어떤 시너지가 나는지 한 번 지켜보고 싶습니다."

항상 내 버킷리스트에만 머물러 있던 '대형 출판사를 통한 책 출간'이 이뤄지는 순간이었다.

그리고 얼마 지나지 않아 유명 영어 강사와 아나운서로부터 공동 저자로 함께 영문법 책을 출간하고 싶다는 제안을 받았다. 정말이 모든 일이 감당이 안 될 정도로 물밀 듯이 들어왔다. 내 버킷리스트에 적힌 '영문법 시리즈 출간'을 바라보며 내 작은 꿈조차 하찮게 여기지 않으시는 하나님께 다시 한번 감사한 마음이 들었다.

이처럼 저는 책을 쓰는 과정을 통해서 성장했고, 책을 쓰고 난 뒤 생긴 기회들을 통해 성숙해졌으며, 새롭게 쓸 책을 구상하며 새로운 영역을 탐구하고 있습니다. 저는 '성공해서 책을 쓰는 것이 아니라 책을 쓰니까 성공한다'라는 말을 좋아합니다. 많은 사람들이 '과연 내가 책을 쓸 수 있을까'를 고민하며 '언젠간 나도 성공하면 책을 쓸 수 있겠지'라는 막연한 생각을 가지고 살아갑니다.

하지만 여러분이 문자, 편지, 소셜 미디어에 올린 짧은 글을 통해 단 한 명의 사람이라도 감동시킨 경험이 있다면, 여러분이 200페이지에 달하는 책을 썼을 때에는 수많은 사람들의 삶에 영향을 미칠 수 있을 것입니다.

책 쓰는 동안 힘이 되었던 3가지 문구

책 쓰기를 하며 오랜 기간 동안 많은 창작의 고통을 겪었습니다. 더 좋은 내용을 세상에 내보이고 싶은 마음 때문이었습니다. 이때 힘들어하던 저에게 힘이 되었던 3가지 문구가 있습니다.

- **나는 매일 모든 면에서 발전하고 있다.**
- **내가 소망하는 것들이 하나씩 실현되고 있다.**
- **나에게는 내가 꿈꾸는 인생을 창조할 만한 능력이 있다.**

가슴을 뛰게 한 모든 문구를 제가 잘 보는 물건 옆에 붙여놓습니다. 포스트잇에 적어서 지갑에 넣고 다니기도 하며, 책상 앞에 이루고 싶은 목표가 가득 적힌 버킷리스트 목록을 붙여놓기도 하죠. 앞서 이야기 한 것처럼 목표와 꿈은 강력한 동기부여에 의해 실행으로 옮겨지고, 이는 곧 현실이 됩니다. 부족한 것이 많은 제가 했다면, 이 책을 읽는 여러분도 충분히 하실 수 있습니다.

❷ 가치를 글로 전하는 과정1: 기획

앞서 우리의 차별화된 가치를 세상에 전하는 가장 기본적인 방법에 대해 알아보았습니다. 차별화된 스토리와 자기소개, 세련된 이미지는 차별화의 기초입니다. 기초라는 말은 쉽기 때문에 붙여진 말이 아니라 가장 중요하기 때문에 부르는 말입니다. 그렇기에 우리는 다음 단계로 넘어가기 전에 먼저 앞서 제시한 내용들에 대해 다시 한번 깊이 있게 생각하고 여러분의 것으로 만들어볼 필요가 있습니다.

오늘부터는 여러분이 만들어낸 차별화된 가치를 책을 통해 세상에 전하는 과정에 대해 설명할 것입니다. 가치를 언어로 옮기는 과정은 쉬운 일이 아닙니다. 책을 쓴다는 것은 자신의 전문성을 A4 용지 100장(단면) 분량으로 체계화 시킬 수 있고, 이를 많은 사람들에게 공개해서 검증받을 자신감이 있다는 것을 의미합니다.

책을 쓰는 일을 하다 보니 다양한 사람을 만날 기회가 있었습니다. 사람들을 만나서 그들의 꿈에 대해 듣다보면 '책을 써서 작가가 되고 싶어요'라는 말을 많이 듣습니다. 그럼에도 불구하고 이러한 꿈을 이루는 사람이 많지 않다는 것을 돌아보면 책 쓰기가 얼마나 어려운 일인지 다시 한번 깨닫기도 합니다. 아직 자신의 설익은 지식을 세상에 내놓고 싶지 않아서 오랜 기간 참고 기다리다가 결국 시기를 놓쳐 포기하는 분들의 이야기도 듣습니다.

그렇지만 여러분의 차별화된 가치를 세상에 전하기 위해서는 반드시 책을 쓰는 과정이 필요합니다. 여러분 개개인의 이야기를 듣고 책 쓰기에 필요한 섬세한 컨설팅을 해드리고 싶지만 이는 현실적으로 불가능한 일이기에, 이 책을 통해 여러분의 책 쓰기에 정말 필요한 알짜 지식들을 전해드리고자 합니다.

기획의 시작: 설계도 그리기

우선 집을 지으려면 설계도를 그려야 합니다. 설계도에는 집을 짓는데 필요한 모든 구체적인 사항들이 표시되어 있습니다. 손에 주어진 설계도만 따라가면, 하나의 완성된 집을 짓는 것은 어려운 일이 아니죠. 하지만 완성된 집만 보고 나면 '이 멋진 집을 어떻게 지었을까?'하는 생각에 도전하기 전에 먼저 겁부터 먹게 됩니다. 과정 없이 결과만 보면 집을 짓는 것은 굉장히 어려운 일처럼 느껴집니다.

책을 쓰는 것도 이와 같습니다. 많은 사람들이 서점에 아름답게 진열된 책을 보면서 '어떻게 이런 책을 썼을까?'하는 생각과 함께

'나는 할 수 없는 일이야'라고 쉽게 단정 짓고 맙니다. 그렇기 때문에 많은 사람들이 버킷리스트 속에 자신의 이름으로 된 책 쓰기를 넣어두면서도 쉽게 이루지 못하는 것입니다. 하지만 이제부터 책 쓰는 과정을 하나씩 하나씩 살펴보게 되면 '나도 충분히 도전해볼 수 있겠다'라는 생각이 들 것입니다.

먼저 집을 짓기 전에 어느 장소에 집을 지을지를 결정합니다. 책을 쓸 때에도 어떤 분야의 책을 쓸지 결정해야 합니다. 대중서는 인문, 자기계발, 처세, 경제, 경영, 고전, 종교, 자녀교육, 심리, 철학, 재테크, 부, 성공, 태교, 요리, 건강, 외국어 등으로 나눠져 있습니다. 에세이, 소설, 시 등 문학 장르로 나뉘기도 합니다. 여러분의 첫 번째 책은 여러분이 전문성을 가진 분야와 일치해야 합니다. 여러분의 전문성을 입증하고 많은 사람들에게 알리는데 큰 도움을 주기 때문입니다.

처음 책을 쓸 당시 제가 강점을 가진 분야는 '영어'였기 때문에 자연스럽게 외국어 분야의 책을 쓰게 되었습니다. 영어에 관한 전문성을 입증하고, 저의 전문성을 세상에 알리는데 책은 최고의 선택이 되었습니다.

이렇게 책을 쓸 분야를 정했으면, 다음으로는 독자층을 정해야 합니다. 처음으로 출간했던 수능 영문법 책인 『삼등급부터 구등급까지 모여라』는 제목 안에 독자층이 명시되어 있습니다. 모두가 목표하는 1, 2등급 학생들이 아니라 3등급 이하 학생들을 위한 책이죠. 공부를 잘 하는 1, 2등급 학생들보다는 영어 공부가 어려운 3등급 이하 학생들을 위해 쉽고 재미있게 쓰여 진 책이기 때문입니다. 이처럼 책을 쓸 분야와 주요 독자층을 정하는 일은 본격적인 책 쓰기에 앞서 시작하는 기초공사와 같습니다.

이렇게 기초공사를 마친 뒤에 전체적인 뼈대를 잡습니다. 책을 쓸 때에도 먼저 책의 뼈대를 잡는 과정을 거칩니다. 한 권의 책을 200페이지라고 가정했을 때, A4용지 기준으로 100장 분량이 나옵니다. 만약 8개의 챕터가 있고, 각각의 챕터 안에 속한 5개의 소제목 보통 이를 '꼭지'라고 합니다 을 기획한다면, 총 40개의 꼭지가 나옵니다. A4용지 100장을 40개의 꼭지로 나누면, 각 꼭지별로 A4용지 2.5장씩 써야 한다는 결론이 나오는 것이죠.

직장인이 매일 출근 전 1시간, 출근 후 1시간씩 시간을 내서 하루에 A4 2.5장씩 글을 쓴다면 40일 만에 한 권의 책을 쓰게 되는 것입니다. 물론 이렇게 글을 쓰고 있지만 이론적으로 그렇게 계획할 수 있다고 이야기 할 뿐이지, 실제로 이를 행하는 것은 완전히 다른 일임을 잘 알고 있습니다. 제가 쓰고 있는 이 책조차 6개월 이상의 고된 글쓰기와 사색의 시간이 걸렸으니까요. 책 쓰기란 굉장히 많은 독서와 사색이 필요한 일입니다.

이를 위해 앞선 이야기를 통해 여러분들에게 독서와 사색을 강조했습니다. 독서와 사색의 깊이를 더하는 일은 하루아침에 이뤄지는 일이 아닙니다. 나무의 나이테가 오랜 시간에 걸쳐 형성되는 것처럼, 오랜 시간 읽고 생각하는 과정이 하나씩 쌓여서 사색의 깊이를 더해가는 것입니다. 이렇게 여러분의 사색의 깊이를 더해준 책들이 하나씩 하나씩 늘어나면 여러분은 책 쓰기에 필요한 가장 귀중한 보물들을 모아가고 있는 것입니다. 이러한 과정의 소중함이 여러분들의 마음속에 와 닿았으면 좋겠습니다.

③ 가치를 글로 전하는 과정2: 차별화된 콘셉트

독서와 사색, 이 책을 통해 참 많이 강조하는 단어입니다. 그만큼 제 삶에서 중요하게 다뤄지는 주제이기도 하고 인생에서 개인적, 경제적 성장을 이루기 위해서도 중요하게 다뤄져야 할 주제이기 때문입니다. 특히 책 쓰기에 관해서라면 독서와 사색은 거의 모든 것이라고 해도 과언이 아닙니다.

저는 글을 쓰기 전에 많은 글을 읽습니다. 많이 먹어야 잘 쌀 수 있는 것처럼, 많이 읽어야 좋은 글을 쓸 수 있습니다. 그렇다고 해서 아무 책이나 읽으라는 말은 아닙니다. 평소에는 좋아하는 책을 읽지만, 책 쓰기에 몰입하면 책 쓰기에 필요한 책을 선정해서 읽습니다. 이때 읽는 책을 '경쟁도서'와 '참고도서'라고 부릅니다. 이를 읽는 것은 책의 차별화된 콘셉트를 만드는데 지대한 영향을 미칩니다.

경쟁도서와 참고도서는 그 의미가 다릅니다. 경쟁도서는 여러분이 쓰고자 하는 책의 분야와 주제가 같은 책을 의미합니다. 이러한 경쟁도서는 정독을 하는 것이 좋습니다. 이는 여러분의 머릿속에 어떤 책을 써야할지 막연할 때 그 안개를 거둬주고 명확한 그림을 제시해주는 역할을 하며, 책을 쓰는 과정에서 무수한 아이디어와 영감을 제공해주기 때문입니다.

반면에 참고도서는 말 그대로 '참고'해야 할 도서입니다. 그래서 정독보다는 필요한 부분을 찾아 발췌해서 필요한 내용만 선택적으로 읽는 것이 좋습니다. 참고도서는 모르는 용어를 찾아볼 때 쓰는 백과사전의 역할을 하기도 하고, 내 책의 부족한 부분을 채워주는 자료나 사례집이 되기도 합니다.

어떤 책에서 명언 하나만 활용되어도 내 책을 쓰는데 참고한 책이기에 이는 '참고도서'입니다. 저는 제가 쓰려는 책의 목차와 참고도서의 목차에 겹치는 키워드가 있으면 그 부분만 찾아서 읽어보곤 합니다. 그 부분을 통해 새로운 아이디어를 얻고, 제 책에 활용할 수 있는 사례나 명언을 발견할 수도 있기 때문입니다. 그렇기 때문에 한 권의 책을 쓰는데 수십 권의 책을 읽는 것은 자연스러운 일입니다. 그래서 작가들 사이에서는 한 권의 책을 쓸 때마다 100

권의 책 읽기는 덤으로 가져간다는 말을 주고받습니다.

저는 책을 쓰기 전에 최소 20권의 경쟁도서를 읽습니다. 참고도서까지 포함하면 보통 50권이 넘어가는 경우도 많습니다. 그렇기 때문에 평소에 꾸준히 독서하고 사색하는 습관 없이 책을 쓴다는 것은 정말 힘든 일입니다.

2014년 당시 제가 수능 영어영역에 관한 책을 쓰려고 마음먹었을 때, 제가 가장 먼저 한 일은 교보문고에 가서 소위 잘 팔린다고 하는 수능 영어영역 책들을 모조리 구매해서 가져오는 것이었습니다. 그리고 왜 학생들이 해당 도서를 구매했는지 문법 개념에 대한 작은 설명 하나까지 살펴보면서 분석했습니다. 이는 모두 기존의 책들과 다른 차별화된 콘셉트를 만들기 위함이었습니다. 이러한 과정은 제가 『지식을 돈으로 바꾸는 기술』을 쓸 때에도 『최고의 존재는 어떻게 만들어지는가』를 쓸 때에도 동일하게 진행되었습니다.

이 책을 쓰면서도 제 앞에는 50권이 넘는 책이 놓여 있습니다. 저는 이를 위해 평소에도 꾸준히 책을 읽으며 경쟁도서와 참고도서를 분석하는 과정을 거치곤 합니다. 저는 책을 조금 지저분하게 사용하는 편인데, 책을 읽으면서 아이디어가 떠오를 때마다 책의 여백에 적어두기 때문입니다. 이는 책을 쓸 때 필요한 아이디어를 쉽고 빠르게 얻을 수 있도록 도와줍니다.

본격적으로 책 쓰기에 들어가기 전 한 달 동안은 약속과 만남을 최소화합니다. 수업을 준비하고, 학생들과 수업하는 시간 외에는 누구도 만나지 않고 모든 자투리 시간을 활용해서 책을 읽어 내려갑니다. 하루에 최소 3시간 이상은 책 읽기를 지속하고, 경쟁도서의 제목과 목차, 저자의 프로필, 책에 나오는 사례, 인용구 등을 살펴보면서 떠오르는 아이디어나 좋은 사례는 따로 정리해둡니다.

한 달 동안 이러한 과정을 반복하다보면 해당 분야의 출판 흐름이 보이기 시작합니다. 『지식을 돈으로 바꾸는 기술』을 쓰기 위해 브랜딩과 마케팅에 관한 책들을 분석하면서 어떤 책이 사람들에게 도움이 되고 사랑받을 수 있는지에 대한 아이디어가 샘솟았습니다. 기존의 책들과 차별화된 콘셉트가 무엇인지 보이기 시작하는 것입니다. 기존에 나온 책들은 이론에 치중한 나머지 독자들의 삶 속에서 적용 가능한 모델을 제시하지 못하고 개인의 특정 경험들을 과학적 근거 없이 경솔하게 일반화시키거나 이론에만 치중한 나머지 전문적인 케이스 분석만을 다루고 있는 경우가 많았습니다.

이러한 분석을 바탕으로 경영학, 심리학, 인문학, 마케팅, 인간관계론, 행동 경제학 등이 밝혀낸 이론을 통한 과학적 접근을 제공할 뿐만 아니라 오랜 강의와 컨설팅을 통해 쌓아온 실제적인 경험과 노하우까지 세심하게 정리해두었습니다. 경쟁도서와 참고도서를 분석하면서 깨달은 내용이 저만의 노하우와 색깔이 들어간 책을 만드는데 큰 기여를 한 것이죠. 책의 차별화된 콘셉트뿐만 아니라 제목과 목차 모두 이렇게 경쟁도서와 참고도서를 분석함으로써 완성시켜 나갈 수 있습니다.

이렇게 경쟁도서와 참고도서를 읽고 분석하면 자신의 책에 대한 차별화된 콘셉트를 만드는 데에도 도움이 됩니다. 지속적으로 강조한 '어떻게 차별화할 것인가?'는 모든 마케터가 항상 고민하는 질문입니다. 여러분의 인생을 브랜딩할 때뿐만 아니라 여러분이 책을 쓸 때에도 다가오는 고민입니다. 바로 이 지점을 경쟁도서와 참고도서 분석이 해결해줄 것입니다.

이를 통해 책의 저자들이 한 권의 책을 쓰기 위해 얼마나 많은 독서와 사색의 시간을 견뎌냈을지 짐작해볼 수 있습니다. 독서와 사색을 바탕으로 자신만의 논리 체계를 만들고 저자의 실제적인 경험과 노하우를 더함으로써 책에 자신만의 색깔을 입혀가는 것입니다. 이처럼 차별화된 콘셉트를 가진 한 권의 책을 쓰는 과정 뒤에는 엄청난 독서와 사색의 노력이 숨겨져 있습니다.

❹ 가치를 글로 전하는 과정3: 제목과 목차

독서와 사색, 즉 경쟁도서와 참고도서 분석을 통해 차별화된 콘셉트까지 도출했다면, 이제 집을 짓는 설계도의 마지막 부분을 완성할 차례입니다. 바로 제목과 목차이죠. 제목과 목차만 완성해도 책은 50퍼센트 이상 완성되었다고 할 수 있습니다. 그만큼 중요하며, 시간과 노력이 많이 드는 과정입니다.

많은 작가들이 독자들의 시선을 사로잡는 제목과 목차를 쓰고 싶어 합니다. 그러면서 이를 '창작의 고통'이라고 이야기 하곤 하죠. 물론 이는 굉장한 노력과 시간이 필요한 일이기는 하지만 이 과정이 100퍼센트 무에서 유를 창조하는 작업은 아닙니다. 많은 경우 이는 기존의 것에서 새로운 것을 창조해내는 과정입니다. 그렇기 때문에 세련된 책 제목과 목차를 쓰고 싶으면, 키워드를 중심으로 같은 분야의 기성 도서를 분석하는 것이 도움이 됩니다.

피카소를 한 번 살펴볼까요? 제목과 목차 얘기를 하다가 갑자기 피카소라니, 뜬금없다고 생각하실 수도 있지만 피카소가 우리에게 주는 영감은 굉장합니다. 피카소는 현대 미술에서 창조적인 아티스트로 평가됩니다. 기존의 회화 기법과 전혀 다른 입체파Cubism를 주도적으로 만든 인물이기 때문입니다. 피카소는 창의성을 강조하는 이야기를 하면서 다음과 같은 명언을 남겼습니다.

'저급한 예술가는 베끼고, 위대한 예술가는 훔친다.'

이는 위대한 예술가가 단순한 모방과 카피에서 벗어나 기존의 창작물에서 영감을 받아 완전히 새로운 것으로 변화시키는 사람이라는 것을 보여줍니다. 위대함이라는 수준에 이르기 위해서는 기존의 많은 양의 작품들을 보고 그리는 과정들을 지속적으로 거쳐야 하죠. 독자들의 시선을 사로잡는 제목과 목차를 쓰는 것도 이와 같습니다. 좋은 제목과 목차를 쓰기 위해서는 지속적으로 많은 양의 경쟁도서와 참고도서를 읽고 분석하는 과정을 거쳐야 합니다.

예컨대 심리학 분야에서 '용기'를 키워드로 책을 쓴다면, 300만부 이상 팔린 베스트셀러 『미움 받을 용기』를 참고할 수 있습니다. 이렇게 해서 『버텨내는 용기』, 『상처를 넘어설 용기』, 『자신을 위해 사는 용기』, 『1그램의 용기』, 『인생에 넘어지지 않을 용기』, 『나와 마주서는 용기』, 『상처받을 용기』, 『불안을 넘어설 용기』, 『포기하는 용기』, 『나답게 살아갈 용기』, 『행복해질 용기』와 같은 책들이 나왔고, 이들 중 일부는 또 다시 베스트셀러가 되었습니다.

이처럼 핵심적인 키워드를 중심으로 기존에 나온 책들의 제목을 분석한 뒤에 여러분만의 고유한 책 제목을 만들었다면 다음의 3가지 기준에 부합하는지 살펴보아야 합니다.

1. 책 내용이 예상되거나 핵심이 되는 내용의 키워드가 들어가야 합니다.
2. 반전의 묘미가 있거나 독자들의 호기심을 끌 수 있어야 합니다.
3. 시대적인 키워드나 사회적 분위기를 잘 간파한다면 유리합니다.

작가들 사이에서는 '책은 제목이 반이다'라는 말을 많이 하는데, 전작 『지식을 돈으로 바꾸는 기술』을 읽은 독자들의 서평을 읽어 보면 이러한 사실을 더욱 깊이 깨달을 수 있습니다. 많은 독자들이 책의 제목 때문에 『지식을 돈으로 바꾸는 기술』을 읽게 되었다고 이야기합니다. 당연하게도 이 책의 제목은 위에 제시한 3가지 기준에 부합합니다. 처음부터 이를 염두에 두고 제목을 결정했기 때문입니다.

우선 '지식'과 '돈'이라는 키워드가 있기에 책의 내용이 예상됩니다. 또한 이 두 개의 키워드가 가진 연관성이 독자들의 궁금증을 불러일으킵니다. 많은 사람들이 자신만의 지식과 경험, 노하우를 통해 어떻게 돈을 벌 수 있는지 궁금해 할 뿐만 아니라 누구나 전문가로 발돋움 할 수 있는 환경이 주어진 시대적인 흐름과도 적절하게 부합하기 때문입니다.

이처럼 매력적인 제목을 결정했다면, 이제는 그에 맞는 장 제목과 꼭지 제목소제목을 정해야 합니다. 이 단계를 거쳐야 완전한 목차가 완성되는 것입니다. 독자들은 제목과 목차를 중점적으로 살펴보고 책을 고르기 때문에 아무리 겉표지가 멋지고 화려해도 제목과 목차가 매력적이지 않다면 독자들의 선택을 받지 못할 가능성이 높습니다. 성공한 제품의 광고가 단 한 줄의 문구로 사람들의 시선을 사로잡듯 독자의 시선을 사로잡는 목차는 따로 있습니다.

매력적인 목차를 만드는 방법은 다음과 같습니다.

첫 번째는 꼭지마다 핵심적으로 들어갈 '키워드'를 선정하는 작업입니다. 만약 목차가 40개의 꼭지로 구성되어 있다면, 책에 반드시 들어가야 할 40개의 '키워드'를 선정해서 각 꼭지마다 적어두어야 합니다. 핵심 키워드를 선정하기 위해서는 하얀 종이 위에 어떤 내용을 담고 싶은지 생각나는 대로 적어보는 과정을 거친 뒤에 경쟁도서와 참고도서를 분석한 내용을 바탕으로 핵심 키워드를 뽑아내는 작업이 필요합니다. 이렇게 '브레인스토밍 Brainstorming 과 벤치마킹'을 하는 과정을 거치다보면 자연스럽게 핵심 키워드들이 정리가 되곤 하죠.

예컨대 '책 쓰기'에 대한 내용을 바탕으로 책을 쓴다면 '책을 써야 하는 이유, 책을 쓰는 과정, 목차 작성법, 원고 작성법, 출판사 피칭 및 계약하는 법'이 꼭지에 들어갈 핵심적인 키워드로 선정될 수 있습니다.

그리고 핵심적인 키워드가 선정되었다면, 각 키워드를 매력적인 한 줄의 문장으로 바꾸는 과정이 필요합니다. 이 과정에서 많은 작가들이 완성도 높은 목차를 만들기 위해 오랜 사색과 독서의 시간을 갖습니다. 카피라이터가 1개의 광고카피를 만드는데 굉장한 노력을 기울인다는 사실을 감안하면 40개의 광고카피를 만드는 일은 결코 쉬운 일이 아니죠. 저는 주로 경쟁도서와 참고도서를 분석하며 얻는 영감이나 아이디어, 사례, 인용구를 통해 목차를 구성할 때 필요한 아이디어를 얻곤 합니다.

또한 인터넷을 통해 최근에 떠오르는 책들에 대한 소개나 출판사 서평을 읽어보는 것도 도움이 됩니다. 출판사는 책 소개를 작성하거나 서평을 작성할 때에 책에서 가장 중요하다고 생각하는 내용을 선정해서 글을 쓰기 때문입니다. 그러므로 책 소개나 출판사 서평을 읽어보는 것만으로도 같은 분야에서 미리 출간된 책의 핵심적인 키워드를 찾아볼 수 있습니다.

때로는 누구나 다 아는 유명한 글귀나 명언을 활용해서 목차를 만들기도 합니다. 예를 들어 책 쓰기에 관한 책이라면 '책 쓰기'에 관한 명언이나 좋은 글귀를 찾아보는 것입니다. 그러면 자신이 생각지도 못한 좋은 명언이나 좋은 글귀를 발견하기도 하고, 책의 목차를 한 층 더 돋보이게 만드는데 도움을 주기도 합니다.

조금 더 자세히 예를 들어서 살펴보겠습니다. 바로 전에 언급했던 '책 쓰기'에 관한 내용으로 책을 쓴다면 '책을 써야 하는 이유, 책을 쓰는 과정, 목차 작성법, 원고 작성법, 출판사 피칭 및 계약하는 법'이 핵심 키워드로 선정이 될 수 있습니다. 이러한 핵심 키워드를 독자들이 흥미를 느낄 만큼 매력적인 한 줄의 문장으로 바꾸는 과정이 필요한 것이죠.

- 책을 써야 하는 이유 → 왜 당신만의 저서를 가져야 하는가?
- 책 쓰기 과정 → 베스트셀러는 어떻게 만들어 지는가?
- 목차 작성법 → 사람들의 시선을 사로잡는 목차 작성법
- 원고 작성법 → 사람들이 갈망하는 원고를 완성하라!
- 출판사 피칭 및 계약하는 법 → 최고의 조건으로 출판사와 계약하는 법

제가 책을 쓴다면 해당 키워드를 위와 같이 사람들이 관심을 가질만한 한 줄의 문장으로 변화시킬 것입니다. 책 쓰기에 관해 더 깊게 사색하고 치열하게 독서한다면 더 좋은 언어로 옮길 수도 있을 것입니다.

사람들의 시선을 사로잡는 목차는 결코 쉽게 만들 수 없습니다. 참고도서와 경쟁도서를 분석하는 과정을 거쳐서 핵심 키워드를 선정한 뒤에 각각의 키워드를 매력적인 한 줄의 문장으로 변화시키는 과정을 거칩니다. 이를 위해서는 평소에 삶의 모든 순간 속에서 아이디어를 얻으려는 노력이 필요합니다. 지하철이나 영화관에 붙어있는 포스터나 길거리에서 나눠주는 광고 전단지, 친구가 했던 말 한 마디나 사람들이 열광했던 광고 문구, 화제가 된 유행어도 모두 목차를 구성하는데 필요한 재료가 될 수 있습니다. 따라서 좋은 목차를 완성하기 위해서는 삶이라는 아름다운 캔버스를 호기심 있는 눈으로 바라볼 수 있는 순수함이 필요한 것이죠.

⑥ 가치를 글로 전하는 과정4: 글감 모으기

매력적인 제목과 목차를 만드는 법을 깨우친 당신에게, 제가 사랑하는 철학자 니체의 글이 담긴 책의 한 구절을 소개하고자 합니다.

"여행지에서의 관찰과 체험을 그대로 멈춰두지 않고 자신의 업무나 생활 속에 살려 풍요로워지는 사람도 있다. 인생이라는 여로에서도 그것은 마찬가지다. 그때그때의 체험과 보고 들은 것을 그저 기념물로만 간직한다면 실제 인생은 정해진 일만 반복될 뿐이다. 그렇기에 어떤 일이든 다시 시작되는 내일의 나날에 활용하고, 늘 자신을 개척해가는 자세를 갖는 것이야말로 인생을 최고로 여행하는 방법이다." -『방랑자와 그 그림자』

'철학자 들뢰즈도 말했듯이 니체는 유목적 사상가nomad thinker다. 그는 지금 여기에 안주하지 않고 낯선 곳으로의 여행을 쉼 없이 지속한다. "우리는 낡은 것으로 되돌아갈 수도 없다. 우리는 이미 배를 불태워 버리고 말았다. 그러니 용감해지는 수밖에 없다"라는 말처럼 그에게 여행은 기존의 가치로부터 떠나는 것이며, 과거의 쇠사슬로부터 벗어나는 것이다. 지금 '여기'에 안주하고자 하는 것은 안정은커녕 퇴보의 길을 선택하는 일이다. 니체의 삶 속에 목적지는 없다. 단지 목적지에 이르는 여행만이 존재할 뿐이다. 여정에서 만나는 사물과 사람, 그리고 낯선 세상과의 조우遭遇를 통해 얻는 깨달음이야 말로 니체 철학의 본질이다.

이 글은 『니체는 나체다』라는 책에 나오는 내용의 일부분입니다. 책 쓰기의 중요한 부분에 대해 알려주고 있습니다. 그것은 바로 풍부한 '사례와 예시'입니다. 위 글은 철학자 들뢰즈가 표현한 '유목적 사상가'라는 니체의 모습, "우리는 낡은 것으로 되돌아갈 수도 없다. 우리는 이미 배를 불태워 버리고 말았다. 그러니 용감해지는 수밖에 없다"라는 인용구, 니체의 『방랑자와 그 그림자』라는 책에서 인용한 예시에 이르기 까지 풍부한 예시와 인용구를 사용하고 있죠.

건축에도 황금비율이 있듯이 글을 쓸 때에도 황금비율이 있습니다. 글의 주제에 맞는 적절하고 풍부한 예시가 전체 글의 30퍼센트 정도 들어갈 때 독자들에게 여러분의 가치를 효과적으로 전달할 수 있습니다. 적절하게 배치된 사례가 글을 더욱 풍성하고 다채롭게 만듭니다. 딱딱한 이론과 논리로 가득 차있는 책이 재미가 없듯이, 여러분의 가치를 드러낼 전문적인 지식이 아무리 탁월하더라도 이를 말랑 말랑하게 설명해줄 예시는 언제나 독자들의 마음을 사로잡곤 합니다.

강의에서 '에피소드Episode'가 중요하듯이 글쓰기에서는 이처럼 다채롭고 풍부한 '사례와 예시'가 중요합니다. 글쓰기에서 '사례와 예시'는 요리의 맛을 내는데 꼭 필요한 양념과 같기 때문이죠. 어떤 사례와 예시를 넣느냐에 따라서 같은 글이라도 독자들의 마음을 울리는 글이 될 수 있고, 무미건조한 글이 될 수도 있습니다. 따라서 제목과 목차를 정했다면, 이제는 각 목차에 들어갈 핵심 키워드를 효과적으로 설명할 수 있는 글감, 즉 '사례'를 찾는 일이 무엇보다 중요한 일입니다.

예컨대 '도전'이라는 핵심 키워드로 글을 쓰고자 할 때 누구나 떠올릴 수 있는 운동선수들의 피나는 도전과 노력은 사람들에게 감동을 주지 못합니다. 흔하게 찾을 수 있는 사례보다는 사람들이 많이 접하지 못한 신선하고 감각적인 사례를 찾으려고 노력해야 합니다. 이 역시 치열한 독서와 깊은 사색을 통해 나올 수 있습니다.

하지만 '도전'에 대해 글을 쓴다면 무엇보다도 가장 큰 감동을 줄 수 있는 사례는 본인이 직접 경험했던 내용을 진솔하게 적는 것입니다. 자신이 직접 도전하고 그 과정에서 겪은 어려움을 극복하고 결국 원하는 목표를 성취하는 내용은 독자들에게 큰 울림을 전달합니다. 그러나 모든 꼭지마다 자신이 직접 경험한 사례만을 담는 것은 어려운 일이기도 합니다. 그렇기 때문에 좋은 사례와 예시를 찾는 방법을 아는 것도 중요하겠죠. 제가 책을 쓸 때 주로 사용하는 그 방법은 다음과 같습니다.

첫 번째 방법은 평소에 독서를 하면서 좋은 '사례'를 정리하는 습관을 기르는 것입니다. 대부분의 작가들은 평소에 사례를 정리해둔 사례집을 가지고 있습니다. 컴퓨터가 익숙한 사람의 경우 엑셀 파일에 주제별로 일목요연하게 정리하기도 하지만, 저처럼 아날로그적인 작업이 편리한 사람들은 책을 오려서 스크랩하기도 하며, 형광펜으로 책에 크게 표시해놓기도 합니다. 이처럼 꾸준히 독서와 사색을 하면서 '동기부여', '리더십', '재무관리', '경영', '마케팅', '인간관계', '심리', '예술', '기술', '철학', '심리' 등으로 세분화된 카테고리 안에 여러분에게 깨달음을 주고 통찰력을 제공하는 사례와 예시를 여러분만의 방식으로 기록해두는 것입니다.

앞서 말씀드린 것처럼 전 엑셀이 익숙하지 않습니다. 그래서 책을 읽으면서 중요하다고 생각되는 부분에 크게 밑줄을 긋고, 그 밑에 떠오른 생각과 아이디어를 적어두곤 합니다. 참신한 사례라고 생각되는 부분은 형광펜으로 크게 표시해두고 접어두기도 하죠. 그래서 한 권의 책을 읽고 나면 책이 너덜너덜해지는 경우가 많습니다. 저는 이런 책을 보물처럼 아낍니다. 새로운 책을 쓸 때 마다 그 책들이 저에게 끊임없는 아이디어와 상상력의 원천이 되기 때문입니다.

두 번째 방법은 완성된 목차를 책상 앞에 붙여놓고 경쟁도서와 참고도서를 읽으며 책에서 적합한 사례가 나올 때마다 책에다 형광펜으로 크게 표시해두고 그 옆에 포스트잇을 붙여두는 것입니다. 그렇기에 참고도서나 경쟁도서를 읽고 분석할 때는 항상 형광펜과 포스트잇을 옆에 두고 읽는 것이 좋습니다. 그래야 적합한 사례가 나올 때 마다 바로 바로 책에다 표시해둘 수 있기 때문입니다. 컴퓨터로 정리하는 것이 편한 사람들이라면 컴퓨터 앞에서 경쟁도서와 참고도서를 읽고 적합한 사례가 나올 때마다 엑셀에 정리하는 것이 좋겠죠.

참고도서와 경쟁도서 뿐만 아니라 신문, 잡지, 칼럼을 통해 적합한 사례를 찾는 경우도 많이 있습니다. 오랫동안 썼던 다이어리나 일기장에서 사례를 찾는 경우도 있죠. 마음을 열고 보면 일상의 모든 글 속에서 사례를 찾아낼 수 있습니다.

이와 같은 방법으로 목차에 적합한 사례를 찾아서 하나씩 하나씩 배치해나가면 글을 쓰는 설계도가 완성됩니다. 사례가 전체의 30퍼센트를 차지하는 이러한 황금비율에 맞춰서 책을 쓰기 시작하면 생각보다 쉽게 한 꼭지의 원고가 완성됩니다. 한 꼭지를 완성하면 그 다음 꼭지도 완성할 수 있는 힘이 생기고, 이는 책 전체를 완성하는 선순환 구조를 만들어 냅니다. 하나만 제대로 완성하면 전체가 만들어지는 것입니다.

⑥ 가치를 글로 전하는 과정5: 글쓰기

앞서 배운 내용은 모두 집을 짓기 위한 설계도를 그리고 그에 필요한 재료를 모으는 과정이었습니다. 책을 쓰는 전반적인 과정을 알고, 이에 따라 책 쓰기 과정을 기획하고, 제목과 목차를 결정하는 것은 설계도를 그리는 일이고 목차별 키워드에 맞는 사례를 찾는 것은 집을 짓기 위한 재료를 모으는 과정입니다.

이제부터는 본격적으로 여러분의 가치를 언어로 옮기는 일을 시작할 것입니다. 약간 두려운 마음도 들고 설레는 마음도 들 수 있습니다. 노인과 바다를 쓰고 노벨문학상을 수상한 세계적인 작가 어니스트 헤밍웨이Ernest Hemingway의 말을 빌리면 '모든 초고는 쓰레기'입니다. 평생 글을 써온 세계적인 작가조차 자신의 초고를 '쓰레기'라고 칭할진대, 우리의 초고는 얼마나 초라하고 볼품없을까요.

누구에게나 첫 문장이 두렵고, 첫 번째로 쓰는 글이 어렵습니다. 저 또한 이 책을 쓰려고 기획하면서 첫 문장을 어떻게 쓸지를 생각하는 것이 가장 어려웠습니다. 하지만 한 권의 책을 완성하기 위해서는 먼저 한 꼭지를 완성해야 하고, 한 꼭지를 완성하기 위해서는 첫 문장을 쓸 수 있어야 합니다. 오랫동안 생각해봤지만, 아무리 생각해도 첫 문장을 잘 쓰기 위한 방법은 단 하나 뿐입니다.

'잘 쓰겠다는 욕심 내려놓기'

오직 이러한 태도만이 첫 문장을 시작할 수 있도록 도울 수 있습니다. 첫 문장을 쓰지 못하는 이유는 '어떻게 하면 멋지게 시작할 수 있을까'를 고민하기 때문입니다. 앞서 제시한 참고도서와 경쟁도서 분석, 차별화된 콘셉트 도출, 제목과 목차 완성, 목차의 키워드에 적합한 사례 수집의 단계를 모두 거쳐 온 사람이라면 '무엇을 써야할지'에 대해 고민하는 경우는 없을 것이기 때문입니다.

'잘 써야하는데'라는 마음의 부담감이 항상 글쓰기의 첫 시작을 가로막습니다. 노벨문학상을 수상한 작가도 자신의 초고를 '쓰레기'라고 표현했습니다. 그렇기 때문에 글쓰기를 체계적으로 배워본 적 없는 우리들의 초고는 더욱 우리들의 마음에 들지 않을 가능성이 높습니다. 그렇기 때문에 진짜 시작은 초고를 다 쓴 이후부터입니다.

마음을 내려놓고 내 머릿속에 떠오르는 말들을 얘기하듯이 하나씩 하나씩 적어 내려가다 보면 첫 문장을 시작할 수 있습니다. 오랜 시간 치열하게 읽고 사색한 사람은 꼭 사람들에게 전하고 싶은 가치가 있기 때문입니다. 그렇기 때문에 고민하기 전에 먼저 적어보는 용기가 필요합니다. 세상 누구도 여러분의 초고를 보고 글의 수준을 평가하지 않습니다. 글은 출간되기 전에 반드시 여러 차례의 수정을 거치기 때문입니다. 그렇기 때문에 저는 '먼저 쓰고 수정하자'라는 생각으로 거침없이 글을 써내려가곤 합니다.

모든 작가들은 초고를 다 쓴 이후에 초고를 더 아름답고 빛나게 만들기 위해 퇴고하는 작업을 거칩니다. 어떤 경우에는 초고를 쓰는 시간보다 퇴고하는 시간이 더 오래 걸리기도 합니다. 이처럼 수많은 퇴고 작업을 거친 뒤에야 비로소 한 권의 좋은 책이 탄생하는 것입니다.

❼ 가치를 글로 전하는 과정 6: 퇴고

사람마다 글을 쓰는 방식이 다르겠지만, 저는 초고를 완성한 뒤에 일주일간 쉬는 시간을 갖습니다. 초고를 완성한 저에게 주는 하나의 선물입니다. 초고를 쓰는 기간 동안 못 봤던 영화를 몰아서 보기도 하고, 사랑하는 아내와 데이트를 나가기도 합니다. 책 쓰느라 한동안 연락을 못했던 친구들과 만나기도 하고, 한동안 뜸했던 소셜 미디어SNS 활동을 다시 활발하게 시작하기도 하죠. 한마디로 책 쓰느라 닫혀있던 시야를 마음껏 열어놓는 것입니다. 이렇게 일주일 동안 실컷 놀고 나면 다시 한번 원고를 수정할 힘이 생깁니다. 책을 쓰면서 닫혀있던 시야에서 열린 시야로 바뀌면서 제 원고를 객관적으로 바라볼 수 있는 시각도 가지게 되는 효과도 있습니다. 저는 이 상태에서 초고를 수정하는 작업을 시작합니다. 이를 전문용어로 '퇴고'라고 합니다.

저는 최소 3번은 퇴고하는 과정을 거칩니다. 매 순간 퇴고를 할 때마다 세워놓은 저만의 기준이 있는데 이는 다음과 같습니다.

'성공적인 퇴고의 3단계 법칙'

1단계는 퇴고를 할 때 오직 '술술 읽히는 글' 만들기에 집중하는 것입니다. 술술 읽히는 글은 독자들이 한 번만 읽어도 무슨 내용인지 쉽게 이해할 수 있는 글을 의미합니다. 이를 위해서 처음에는 눈으로 보면서 수정하고, 다음에는 입으로 소리 내서 읽는 과정을 거칩니다. 소리 내서 읽으면 눈으로 읽을 때 발견하지 못했던 어색한 부분이 보일 때가 많습니다. 이처럼 눈으로 보고, 입으로 읽으면서 고치면 글을 군더더기 없이 세련되고 깔끔하게 고칠 수 있습니다.

퇴고의 2단계는 '형식'에 집중하는 것 입니다. 이때에는 초고의 모든 꼭지를 하나씩 하나씩 격파해 나간다는 생각으로 맞춤법이 올바른지, 사례가 꼭지의 키워드와 어울리는지, 문단 간 흐름이 자연스러운지 등을 기준으로 검토합니다. 이때 저는 원고를 인쇄해서 종이로 보면서 퇴고하는 것을 선호합니다. 컴퓨터로 볼 때 보이지 않던 오타나 수정 사항들이 종이로 볼 때 보이는 경우가 많기 때문입니다.

마지막 3단계는 더 좋은 원고를 만들기 위한 '발전'에 집중합니다. 초고를 퇴고하는 과정 중에서 더 나은 사례를 발견하거나, 더 좋은 문단 구성 방식을 발견한 경우에 초고를 한층 더 고급스럽게 발전시키는 과정입니다. 시간이 부족해서 참고하지 못했던 책들을 추가적으로 더 읽어보고, 경쟁도서를 다시 한번 빠르게 훑어보면서 중요한 키워드가 빠지지 않았는지도 함께 점검합니다.

이렇게 3단계의 퇴고 과정을 거치고 나면 누가 봐도 손색없을 정도로 술술 읽히는 원고가 완성됩니다. 여기에 전문 출판 편집자의 노하우가 더해지면 더 좋은 원고가 탄생하는 것이죠. 반짝이는 다이아몬드는 수만 시간 동안 엄청난 세월과 압력을 견디면서 탄생한다고 합니다. 생각해보면 한 권의 책도 이렇게 오랜 시간에 걸쳐 탄생한 다이아몬드와 같습니다. 짧으면 6개월, 길면 1년 이상의 오랜 시간 동안 엄청난 사색과 고민의 시간을 거쳐 탄생한 책은 빛나는 다이아몬드로서 세상에 등장하기 때문입니다.

이 모든 과정을 거쳐 한 번 책을 출간한 작가는 다음 책을 더욱 쉽게 쓸 수 있는 힘이 생깁니다. 고된 과정을 거치면서 쌓아온 자신만의 노하우와 경험, 자료들이 남아있기 때문입니다. 그렇기에 처음이 어렵지 두 번째는 더욱 쉬워지는 것이 책 쓰기의 이치입니다.

잠시 쉬어가도 괜찮아요

가치를 언어로 옮길 때 알아두면 좋은 TIP 10가지

1. 책 쓰기는 워드보다는 한컴오피스 한글로 작성하는 것이 좋고, 쪽 번호 매기기 기능을 활용해서 분량을 체크하면서 쓰는 것이 좋습니다.
2. 문체는 가독성이 좋은 폰트로, 글자 포인트는 10포인트로 작성합니다.
3. 적절한 원고의 분량은 A4 용지 100장(단면) 내외입니다.
4. 기본적인 맞춤법은 F8키를 통해서 점검할 수 있습니다.
5. 갑자기 컴퓨터가 꺼지거나 예상치 못한 상황으로 파일이 삭제되는 경우를 대비하여 수시로 메일을 보내놓거나 USB에 저장하는 것이 좋습니다. 저장하지 않고 작업하던 파일이 날아가면 정말 세상이 무너지는 기분이 들 수 있습니다.
6. 문단이 바뀔 때에는 한 칸씩 들여쓰기를 해서 문단이 바뀜을 구별해주는 것이 좋습니다.
7. 한 문단에는 한 가지 주제만 담아야 세련되고 깔끔한 글이 된다는 사실을 잊지 마세요.
8. 전문용어는 누구나 이해하기 쉽게 풀어쓰는 것이 좋습니다. 전문가가 아닌 많은 분들이 읽을 테니까요.
9. 어려운 내용은 쉽게, 쉬운 내용은 깊게, 깊은 내용은 재미있게 쓰려고 노력합니다.
10. 세상에서 가장 좋은 사례는 '저자 본인의 이야기'라는 사실을 반드시 기억하고 이를 적절히 활용하도록 합니다.

⑧ 가치를 글로 전하는 과정7: 계약

최근에 한 지인으로부터 '잘 아는' 출판사를 연결해달라는 부탁을 받았습니다. 저는 그 분에게 출판사를 연결해주는 대신 어떻게 출판사에게 원고를 보낼 수 있는지에 대한 방법을 알려주었습니다. 제가 아는 출판사를 연결해준다면 처음 책을 출판할 때는 편할 수 있지만, 이는 그 분의 인생에 큰 도움이 되지 않습니다. 물고기를 잡아주는 것보다 물고기 잡는 법을 가르쳐주는 것이 더욱 효과적인 것과 같은 이유입니다.

저 역시 특별한 인연이 있는 경우를 제외하고는 다양한 출판사에 원고를 투고합니다. 출판사마다 매년 또는 시즌별로 주력해서 출간하고 싶은 책이 있고, 제 책이 어떤 출판사에서 더욱 멋진 책으로 탄생할지 알 수 없기 때문입니다. 이를 위해 저는 매년 교보문고에 가서 제가 쓰려는 책과 같은 분야의 책을 30권 이상 구매하곤 합니다. 그리고 책의 앞 또는 뒤쪽에 적혀있는 이메일을 리스트로 정리해서 원고를 보내드리곤 하죠.

보통 출판사는 하루에 적으면 수십 개에서 많으면 수백 개의 원고를 받습니다. 대형 출판사의 경우 분야별로 원고를 접수받는 이메일이 다를 정도입니다. 그렇기 때문에 출판사에서는 보내는 원고 전체를 다 읽어보지 않습니다. 투고 인사말과 제목, 목차를 살펴보면서 원고 검토 여부가 판단되는 것이죠. 하루에도 수십 개의 원고가 출판사에 투고되지만 거의 대부분의 원고들이 엉성한 제목과 목차를 가지고 있습니다. 그렇기 때문에 결국 투고 인사말과 제목, 목차에서 1차적인 검증이 이뤄지는 것입니다.

1차 검증을 통과해서 원고 검토에 들어갈 때 가장 중요하게 보는 것은 원고의 내용입니다. 그 후에 출간 시점의 출판 시장과 사회, 경제적인 상황 등을 고려해서 시의적절한 주제인지, 아니면 시의성 없이 오래도록 공감 받을 수 있는 주제인지도 함께 살펴보곤 합니다. 당연한 얘기지만 문장력도 중요한 요소중에 하나입니다.

이와 함께 저자의 경력도 원고의 신뢰성에 영향을 주는 중요한 요소입니다. 만약 장사에 대한 경험이 없는 사람이 장사에 대한 글을 쓴다면 이는 원고의 신뢰성에 큰 타격을 줄 것입니다. 또한 출판사 역시 이윤을 남겨야 하는 사업이기에 팔릴 수 있는 책을 만들고자 합니다. 그렇기에 출판사와 함께 시너지를 내서 마케팅을 펼칠 수 있는 저자인지 여부도 굉장히 중요한 요소입니다.

짧게 정리해보자면, 출판사와 저자가 원하는 출판 분야가 맞아야 하고 콘셉트가 명확하며 기존 도서들과 차별화된 제목과 목차를 토대로 투고 인사말을 작성하는 것이 중요합니다. 이 단계를 넘어서면 저자의 경력과 문장력, 마케팅 역량과 원고의 내용이 최종 출간 결정에 반영됩니다.

매력적인 투고 인사말을 작성하는 법

앞선 내용을 통해 제목, 목차, 차별화된 콘셉트까지 완성된 원고라면 출판사의 1차 관문을 넘기 위해 마지막으로 가장 중요한 것은 투고 인사말이 될 것입니다. 투고 인사말은 이메일을 통해 출판사에 하는 첫 인사말로서 저자의 원고를 매력적으로 제안하는 글입니다. 투고 인사말은 제목과 목차, 책의 기획의도, 저자의 약력과 스토리를 담아 간결하고 명료하게 작성하는 것이 좋습니다. 분량으로 보자면 A4 한 장에서 두 장 사이로 작성하는 것이 적절합니다.

책을 다 쓰고 난 이후에 출판사에 어떻게 글을 써서 보내야 하는지 묻는 사람들이 많이 계셨습니다. 그래서 제가 작성한 투고 인사말과 주변 작가 분들의 경험을 귀담아 듣고 아래와 같은 형식을 만들어보았습니다. 투고 인사말에 정답은 없습니다. 제목과 목차, 책의 기획의도, 저자의 약력과 스토리만 진정성 있게 담겨있다면 누구든 눈여겨 볼 것입니다. 그러니 다음의 투고 인사말 형식은 대략 감을 잡는 정도로 참고해주시면 됩니다.

투고 인사말 예시

첫 번째 단락 | 안녕하세요? 저는 ○○에서 근무하고 있는 ○○○입니다. 저는 ○○한 경험을 통해 ○○을 깨닫게 되었고, 이러한 경험을 바탕으로 ○○○을 『제목』이라는 책을 쓰게 되었습니다. ○○대, ○○대 독자층이 읽으면 좋을 ○○○ 분야, 장르의 책입니다.

두 번째 단락 | 책을 쓴 이유 (기획의도)

세 번째 단락 | 책의 차별화된 콘셉트, 전달하고자 하는 메시지

네 번째 단락 | 책의 제목 및 목차

마지막으로 저자로서 차별화된 경험이나 남다른 스토리, 어필할 수 있는 강점 등이 있다면 함께 언급하는 것이 좋습니다. 또한 저자가 생각하는 책의 마케팅 포인트에 대해 언급하는 것도 좋은 방법입니다.

- **OOO직장에서 근무**
- **OOO대학교 석사, 박사 학위 소지자**
- **OOO를 주제로 OOO등에서 강연 경험 다수**
- **이전 저서 『제목』**
- **페이스북, 인스타그램, 블로그 등을 통한 SNS 마케팅 가능 여부**

- OO방송 출연 또는 OO언론 인터뷰 자료 또는 경험

OOO드림 (핸드폰 번호)

가끔 연락처를 적지 않아서 출판사에서 이메일로 연락을 드리는 경우가 있습니다. 핸드폰 번호를 적게 되면 바로 전화로 소통이 가능하니 잊지 않고 연락처를 적어두시는 것이 좋습니다.

투고 인사말은 작가가 출판사에 건네는 첫 인사로서 내 원고가 왜 계약되어야 하는지에 대해 설득력 있는 근거를 제시할 수 있어야 합니다. 출판사는 한 권의 책을 출판하기 위해서 적게는 500만원에서 많게는 3000만원이 넘는 돈을 투자합니다. 출판사 대표는 사업가이고, 사업가는 이윤을 창출하는 것이 목표이기 때문에 출판사에 투고된 원고가 책으로 출판될 경우, 손익분기점을 넘어 순수익을 창출할 가능성이 있는가를 우선적으로 판단합니다. 그렇기 때문에 저자는 책이 출간된 이후에 독자들과 소통할 수 있는 소셜 미디어가 있다는 점과 책을 주제로 한 강연이 가능하다는 점을 함께 제시할 수 있어야 합니다.

이는 저자의 적극성으로 표현되는데, 저자의 적극성은 크게 두 가지로 나타납니다. 첫 번째는 활발한 저자 강연회입니다. 책을 주제로 한 강연은 지속적인 책 판매에 큰 영향을 미칩니다. 제가 『지식을 돈으로 바꾸는 기술』을 쓰고 전국의 중, 고등학교, 기업체를

대상으로 강연을 하지 않았다면 책의 판매량이 저조했을 수도 있습니다. 하지만 책을 쓴 뒤에 자연스럽게 책의 내용을 바탕으로 강의를 하고, 지속적으로 독자들과 소통하는 과정에서 자연스럽게 입소문이 퍼져나갔습니다. 책이 장작이라면 강연은 장작을 타오르게 하는 불과 같습니다. 책을 쓰는 사람이라면 반드시 강연을 할 수 있어야 합니다.

두 번째는 소셜 미디어입니다. 소셜 미디어는 여러분에게 호감을 가진 사람들이 모인 공동체입니다. 저는 페이스북의 개인 계정을 통해 5천 명이 넘는 사람들과 소통하고, 페이스북 페이지를 통해 3만 명이 넘는 팬들과 함께 콘텐츠를 공유합니다. 인스타그램을 통해 1만 명이 넘는 사람들과 일상을 공유하고, 유튜브를 통해 영어 교육에 관한 콘텐츠를 제작함으로써 전문성을 입증합니다. 이러한 출판사의 마케팅과 소셜 미디어를 통한 독자와의 소통이 서로 시너지를 발휘할 때 작가의 책 판매에 날개가 달립니다. 출판사가 가장 매력을 느끼는 부분이 바로 이 지점입니다. 그렇기에 투고 인사말에는 이러한 점을 부각시켜서 출판사의 시선을 잡아당길 필요가 있습니다.

이처럼 투고 인사말을 완성한 뒤에는 제목, 목차, 원고 순서로 된 A4 100장 원고 전문을 첨부파일로 담아 출판사에 이메일을 보내드립니다. 이메일을 보낼 때 제목은 어떻게 하는 것이 좋은지에 대한 문의도 많습니다. 이메일을 보내는 형식은 다음과 같습니다.

이메일 형식 예시

- **제목: [기획 원고투고] 『제목』의 원고를 송부합니다.**
- **첨부파일: 『제목』원고 전문.hwp**
- **내용: 작성된 투고 인사말**

저는 이와 같은 형식으로 출판사에 이메일을 보냅니다. 다른 작가 분들도 비슷한 형식으로 원고를 투고합니다. 저는 이와 함께 주로 한 주의 업무가 시작되는 월요일 아침에 원고를 받아볼 수 있도록 '예약 발송' 기능을 활용하곤 합니다.

또 '원고 전문을 보냈는데 출판사가 원고를 도용해서 출간하면 어떻게 하나요?'라고 걱정하시는 분들도 있습니다. 하지만 이렇게 출판사로 전달된 원고는 출판사의 방향과 맞지 않는 경우 모두 삭제하도록 되어있기 때문에 원고 유출 가능성에 대해서는 염려하지 않으셔도 괜찮습니다. 또한 저자가 원고 전문을 보내면 출판사 입장에서는 아직 완성되지 않은 원고보다 안정적으로 편집 및 출간 일정을 잡을 수 있기 때문에 더욱 매력적으로 생각합니다.

출판사는 하루에도 수십 개의 원고를 접수 받습니다. 이들 중에서 제목과 목차, 책의 기획의도, 저자의 약력과 스토리, 원고의 내용까지 모든 면에서 완성도가 높은 사람은 극히 드뭅니다. 그러니, 이 책에 나온 방법에 따라 충실하게 원고를 집필하고, 책의 후반부에서 다룰 가치의 전달 과정을 성실하게 실행한다면 다른 원고들과 큰 차별성을 지니고 계약까지 이뤄질 가능성이 대단히 높습니다.

만약 거절 메일을 받더라도 상심해서는 안 됩니다. 전 세계적인 베스트셀러 해리포터의 원고도 처음에는 수많은 출판사로부터 거절을 당했고, 이와 비슷한 이야기는 국내에도 정말로 많습니다. 여러분의 책을 출판해줄 곳은 반드시 있습니다. 제목과 목차, 책의 기획의도, 저자의 약력과 스토리, 원고의 내용을 다듬어나가면서 포기하지 않고 지속적으로 투고하다보면 인연이 닿는 출판사가 나오게 됩니다. 여러분 삶의 인생 가치를 글로 남기는 꿈은 반드시 이뤄질 것입니다.

출판사와 계약할 때 유의할 사항

앞서 이야기한 것처럼 저는 출판사에 원고를 투고할 때 한 곳에만 투고하지 않습니다. 출판사도 작가들이 여러 곳의 출판사에 원고를 투고한다는 사실을 알고 있습니다. 따라서 원고가 마음에 든다면 구체적인 내용을 담아 답변을 보내오기 마련입니다. 예를 들어서 '원고의 나머지 내용을 검토한 뒤에 내부 회의를 거쳐서 O일 내에 답변을 드리겠습니다'라든지 출간시기, 계약금, 인세와 같은 기본 조건을 제시하고 저자와 통화하기를 원하는 경우도 있습니다.

그렇기 때문에 구체적인 날짜도 없이 '긍정적으로 검토하고 연락드리겠습니다'라든지 '내부적으로 검토하고 연락드리겠습니다.'라는 말은 '현재 보내주신 원고가 저희 출판사의 방향과 맞지 않으니 다음에 다시 좋은 원고로 찾아와주시면 감사하겠습니다'라는 말과 같습니다. 출판사는 저자와의 인연이 어떻게 닿을지 모르기 때문에 최대한 돌려서 정중하게 거절하고자 합니다.

만약 출판사로부터 연락을 받아서 계약을 진행하는 단계까지 왔다면, 다음의 5가지 사항들에 유의해서 계약을 진행해야 합니다.

1. 출간 시기
2. 계약금
3. 인세 지급 시기
4. 원고 수정 범위
5. 출판사의 포트폴리오

1. 출간 시기

이 6가지 사항들 중에서 가장 중요한 조건은 출간 시기입니다. 일반적으로 출간 시기가 빠른 출판사와 계약을 진행하는 것이 좋습니다. 대형 출판사의 경우 출판 시기가 6개월 이상 걸리기도 하는데 그 과정에서 여러 가지 사유로 계약이 파기되는 경우도 발생합니다. 대형 출판사는 한 분기에 계획하는 책이 수십 권 또는 수백 권이기 때문에 내 책에 신경을 크게 못 쓰는 경우도 많죠. 그렇기 때문에 대형 출판사라고 해서 반드시 좋은 것은 아닙니다.

제가 국내 대형출판사 중 하나인 한국경제신문 출판사이하 한경BP와 계약을 진행하면서도 이와 관련한 문제가 있었습니다. 실제 계약은 2017년에 이루어졌지만, 책이 출간되기까지는 1년 이상의 시간이 걸렸습니다. 『최고의 존재는 어떻게 만들어지는가』는 이렇게 오랜 시간을 지나 세상에 빛을 보게 된 것입니다.

2. 계약금

인세는 보통 6%에서 10% 사이로 계약이 이뤄지고, 한 분야의 대표적인 전문가인 경우 10%이상 받을 수도 있습니다. 그렇기 때문에 만약 출판사로부터 10%의 인세를 제안을 받았다면, 출판사가 저자의 원고에 대해 굉장히 큰 매력을 느끼고 있음을 알 수 있습니다. 계약금은 100만원부터 그 이상까지 다양한데, 이는 인세를 미리 지불하는 선인세의 개념이므로 액수는 크게 중요하지 않습니다. 다른 조건이 좋다면 계약금이 낮더라도 계약하는 것이 좋습니다.

제가 처음 책을 썼을 때에는 책이 2000부 이상 판매되었을 때 6

퍼센트, 4000부 이상 판매되었을 때 8퍼센트, 6000부 이상 판매되었을 때 10%로 인세를 제시하는 곳도 있었습니다. 지금은 대부분 10%로 계약을 진행하고, 공동 저서일 경우 저자들과 인세를 나눠서 지급받습니다.

3. 인세 지급 시기

잔여 인세가 어느 시기에 지급되는지 아는 것도 중요합니다. 저의 경우 『삼등급부터 구등급까지 모여라』와 『수능 영어영역의 절대적 코드』 그리고 『다채로운 지식의 식탁』 경우에 매달 15일마다 인세를 지급받고, 『지식을 돈으로 바꾸는 기술』, 『누워서 떠먹는 중학영어 VOCA 1,2』의 경우에는 3개월 마다 인세를 정산 받습니다. 『최고의 존재는 어떻게 만들어지는가』와 『10배속 코어 그래머』는 6개월 마다 인세를 정산 받습니다. 이처럼 매달 특정한 날짜에 지급을 받는 형태인지, 분기별로 지급이 이루어지는지 정확히 알고 넘어가는 것이 좋습니다.

4. 원고 수정 범위

원고의 수정범위는 출판사의 관점에서 더 수준 높은 책을 만들기 위해 저자에게 수정을 요구하는 범위입니다. 수정 요청 범위가 큰 출판사 보다는 저자의 생각과 의도를 존중해서 최소한의 수정을 요구하는 출판사와 계약하는 것이 좋습니다.

전작 『지식을 돈으로 바꾸는 기술』과 같은 경우에는 출판사가 저자의 의도를 최대한 존중해서 기존 원고의 10% 내외에서 수정이 이뤄졌습니다. 이 책은 지금도 제가 굉장히 애정을 가지고 있는 책입니다. 하지만 『최고의 존재는 어떻게 만들어지는가』의 경우 출판사가 원고의 30% 이상을 수정했습니다. 기존 원고보다 화려하고 대중의 이목을 끌도록 만들어졌지만, 처음에 제가 담았던 진정성은 많이 희석되었습니다. 저자의 마음이 전달되는 책이 아니라 잘 팔릴 수 있는 책으로 변한 것입니다. 둘 중에 어떤 것이 좋은지는 사람마다 의견이 다를 수 있습니다. 그러니 사전에 충분한 미팅을 통해 원고의 수정 범위에 대한 이야기를 충분히 나누는 것이 좋습니다.

5. 출판사의 포트폴리오

마지막으로 최종 계약하려는 출판사에서 최근에 출간된 저서들을 살펴보는 것도 중요합니다. 책의 표지는 어떤 스타일로 제작이 이뤄지는지, 책 출간 이후에 마케팅은 잘 이루어지는지도 눈여겨 보아야 할 부분입니다. 만약 계약할 시에 자비 출판저자가 돈을 투자해서 책을 출판하는 것을 제안하거나, 저자와 출판사가 반씩 돈을 투자하는 반 기획 출판을 제안한다면 다른 출판사를 찾아보는 것이 좋습니다. 혼신의 힘을 다해 쓴 원고가 그 가치를 온전히 담지 못한 형태로 출간될 가능성이 높기 때문입니다.

책은 여러분의 가치를 세상에 전하는 가장 아름다운 도구입니다. 저는 책을 쓰는 강의를 진행할 때마다 사람들에게 다음과 같은 모습을 상상해보라고 이야기합니다. 책의 저자가 되어 지인들에게 멋지게 사인을 해주는 자신의 모습을, 아빠가 '우리 딸이 베스트셀러 작가야'라고 멋지게 말하는 모습을, 아내가 '우리 남편이 책도 쓰고 강연도 하는 작가에요'라는 이야기를 하며 환하게 웃는 모습을 상상하면 여러분도 모르게 입가에 미소가 지어질 것입니다.

물론 이 모든 과정이 처음부터 쉽지는 않을 것입니다. 이 책에서 도움이 될 만한 부분을 표시해두고 글을 쓰면서 지속적으로 참고한다면, 분명 그 과정의 끝에서 '끝내 이루었다'는 생각이 들 것입니다. 오프라 윈프리의 말처럼 무엇이든지 해보고자 하는 마음을 열면, 당신이 치르는 가장 고된 투쟁은 당신의 가장 탁월한 강점으로 변화할 것입니다. 그리고 저는 그것이 반드시 이뤄질 것을 믿습니다.

⑨ 아주 작은 반복의 힘: 실행

여기까지 숨 가쁘게 달려오시느라 고생하셨습니다. 이제 가치를 글로 옮기는 과정을 마치면서 실행에 대한 이야기를 해보려고 합니다. 이 책의 가치가 온전히 여러분 삶에 와 닿고 작은 변화를 일으키기 위해서는 빠질 수 없는 것이 실행이니까요.

UCLA에서 진행한 연구에 따르면 새해에 세운 결심과 계획이 성공할 확률은 8%에 불과하다고 합니다. 1/4은 일주일 안에 포기하고, 30일이 지나면 절반이 포기하고 마는 것입니다. 이는 우리가 '크고 거창한' 목표를 세우기 때문입니다.

하지만 목표를 이루기 위해서는 마음에 부담이 되지 않는 '아주 작은' 목표를 세우는 것이 좋습니다. 운동을 시작하고자 한다면 '하루 1개'의 팔굽혀펴기를 목표로 하고, 영어 공부를 하고자 한다면 '하루 1개' 단어 외우기를 목표로 하는 것입니다. 이는 여러분의 마음에 부담을 주지 않으면서도 목표를 지속할 수 있는 힘을 길러줍니다. 하나의 목표를 세우고 성취하는 과정을 통해 더 큰 목표를 이룰 수 있는 힘이 생기는 것입니다. 단계적으로 목표를 이루면서 작은 성취감을 쌓아가다 보면 무엇이든 '할 수 있다'는 믿음이 생겨납니다. 이러한 믿음은 성공과 혁신의 강력한 동력이 됩니다.

UCLA 의대 교수인 로버트 마우어 박사에 따르면 목표를 달성하는 유일한 길은 작은 일의 반복입니다. 우리의 뇌는 갑작스러운 변화를 생존에 대한 위협으로 받아들이기 때문에 모든 변화는 아주 작고, 가볍고, 부담이 없어야 하는 것이죠. 책을 쓰려는 목표를 세웠다면, 하루에 한 줄씩 글을 쓰는 걸 목표로 잡는 것이 좋습니다.

한 줄을 쓰려고 앉아서 쓰다보면, 두 줄도 쓰게 되고 세 줄도 쓰게 되는 것입니다.

사람들은 하룻밤에 스타가 되는 과정을 꿈꿉니다. 하지만 현실에서 그런 일은 일어나지 않습니다. 세상에 가장 자명한 진리를 우리는 애써 외면하고 쉬운 길을 찾고자 합니다. 하지만 세상에 어디 그런 게 있던가요? 모든 결과에는 그에 상응하는 대가가 따르기 마련입니다. 이는 세상을 움직이는 가장 단순한 원리입니다.

책을 쓰기 위해서는 A4 100장의 글쓰기가 요구되는 것처럼, 탁월한 전문성을 쌓기 위해서는 오랜 시간의 노력과 연구가 필요합니다. 그 고되고 긴 과정을 견디기 위해서는 목표를 작고, 단순하며, 부담 없이 설계하는 것이 좋습니다. 처음부터 원대한 목표를 설정하고 나면, 그 목표에 뇌가 부담을 느끼고 중간에 포기하는 일이 발생하기 때문입니다.

아주 작은 반복의 힘

다음은 제가 2020년 1월에 세웠던 목표들입니다. 저는 마음에 부담이 없는 쉬운 목표를 세웠습니다. 이를 제가 아는 사람들에게 공개하고, 지키겠다고 선언했습니다. 그리고 하루에 한 개 이상 실패할 시, 천 원씩 벌금을 내서 매달 말에 사랑하는 사람들에게 선물을 사주겠다는 약속도 함께 했습니다.

하루에 5분씩 책을 읽는다.

하루에 한 개씩 팔굽혀펴기를 한다.

하루에 한 개의 영어 문장을 외운다.

하루에 한 번씩 나의 꿈과 목표를 생각한다.

하루에 한 문장의 글을 쓴다.

하루에 한 번의 칭찬을 한다.

매주 일요일마다 저는 아내와 함께 침대위에 앉아서 위에 제시한 목표에 대해 정리했습니다. 한 달마다 사랑하는 사람들에게 작은 선물도 전달했습니다. 때로는 밥을 사기도 했고, 과자와 사탕 같은 사소한 선물을 전하기도 했습니다. 지난 6개월간의 평균적인 목표 달성률은 95%였습니다.

제가 만약 '매일 1시간씩 헬스장에서 운동하기'와 같은 목표를 세웠다면 저는 실패했을 가능성이 높습니다. 제 경험상 저는 생각보다 부지런한 사람이 아니기 때문입니다. 하지만 하루 1개의 팔굽혀펴기를 하는 것을 목표로 세우다보니 부담 없이 바닥에 엎드리게 되고, 바닥에 엎드리다보니 자연스럽게 10개도하고 30개도 하게 되었습니다. 또한 매일 칭찬을 하려고 관심을 갖고 살펴보니, 사람들의 단점이 아닌 장점을 찾기 시작했습니다. 저는 이렇게 '작은 목표'를 이뤄가면서 매일 조금씩 성장하고 나아지고 있다는 생각이 들었습니다.

부담 없이 작은 목표를 설정하고 이를 달성하기 위해 사람들에게 선언한 뒤에, 저는 어떠한 경우라도 예외를 두지 않기 위해 노력했습니다. 감기와 장염으로 무척 아팠던 날을 제외하고, 나는 자정이 지나기 전에 그날 해야 할 일들을 끝내고자 노력했습니다.

일이 생각보다 잘 안 풀려서 오는 슬럼프나 관계에서 오는 무기력함이 찾아올 때도 5분의 독서가 갖는 힘은 굉장했습니다. 짧은 시간이었지만 저를 동기부여 시켰고 새로운 아이디어를 주었으며, 다시 시작할 수 있는 용기를 주었습니다. 저는 2016년 1월부터 이러한 작은 목표들을 주기적으로 실천했는데, 현재 저에게는 무엇이든 '할 수 있다'라는 자신감과 매일 매일의 계획들이 빼곡히 적혀있는 8권의 다이어리가 남아있습니다.

작은 목표의 위대한 성취를 경험하면서 작은 목표를 성취해 본 사람이 큰 목표를 성취할 수 있다는 것을 깨달았습니다. 남들보다 느리게 보일지라도 그 목표까지 가는 길을 알고 있기 때문입니다. 아무리 작은 목표라도 그것을 이루기 위해서는 자신과의 싸움에서 승리해야 합니다. 세상에서 가장 힘든 싸움은 자신과의 싸움이기에 그 결과는 더욱 값집니다.

우리는 매일 아침 일어날 때부터 자신과의 싸움을 시작합니다. 침대 위에서 '5분만 더 잘까?'하는 나를 이겨내고 밖으로 나갈 때, 어제와는 다른 특별한 삶이 시작되는 것이죠. 저는 매일 나와의 싸움을 하며 저 스스로를 이기는 습관을 만들고 있습니다. 이를 통해 작은 목표들을 성취했고, 성취가 쌓일수록 저의 목표는 더 크고 많아졌습니다. 이 책을 출간하는 것도 그 목표 중에 하나입니다. 여러분이 이 책을 보고 있다면, 저는 올해 세운 목표를 하나 이룬 것입니다.

사색에 깊이를 더하다.

하루 한 줄의 마법 FIVE

많은 사람들에게 영감을 주는 강연을 할 것이다.

❶ 가치가 수익이 되는 순간

가치에 진정한 명성과 영향력이 결합되어 수익을 창출하는 순간은 여러분이 사람들을 끌어당기는 힘을 갖기 시작할 때입니다. 사람들을 끌어당김으로써 오프라인에서 당신과 마주할 때, 진정한 영향력의 법칙이 작동하기 시작하는 것이죠. 여러분이 사람들과 직접 마주하여 가치를 전하는 첫 번째 순간이 바로 강연입니다.

강연에서는 경험하기와 마스터하기라는 두 가지 핵심 단어를 기억하는 것이 중요합니다. 경험하기는 여러분의 삶의 과정 속에서 어떻게 여러분의 가치가 만들어졌는지 잔잔하게 풀어나가는 과정입니다. 이를 통해 사람들이 여러분의 삶과 가치에 대해서 몰입할 수 있도록 하고, 더 깊이 있는 내용에 대해 궁금하도록 만드는 것입니다. 이는 중·고등학교나 기업체 특강, 멘토링 등을 통해서 이뤄질 수 있습니다. 여러분의 삶의 이야기와 가치에 공감하는 다수의 사람들을 한 번에 만날 수 있는 자리라면 모두 경험하기에 해당합니다.

강연을 통해 많은 사람들을 만날 기회가 종종 있습니다. 책을 출간한 후 그러한 기회는 더욱 많이 늘어나죠. 하루 한 번 만나는 그 시간동안 저는 제 삶의 가장 진정성 있는 이야기를 들려드립니다. 공부법을 궁금해 하는 학생들에게는 제가 학창시절 공부한 이야기를 풀어내고, 독자적인 브랜드를 만들고 싶은 전문가들에게는 제가 책을 쓰고 강의하며 성장해온 이야기를 들려드립니다.

강연이 끝난 뒤에는 제 삶의 이야기에 대해 공감하고, 응원해주시는 분들이 많이 있습니다. 종종 페이스북이나 인스타그램 같은 소셜 미디어를 통해 개인적으로 연락을 주시기도 하죠. 그중에는 더 깊은 내용을 배우고 싶은 사람들이 있습니다. 제 삶의 이야기 중에서 책 쓰기에 대해서 더 깊이 있게 배워보고 싶은 분들도 계시고, 소셜 미디어를 통해 독자와 소통하는 방법에 대해 궁금한 분들도 있습니다. 공부법 강연이 끝난 뒤에는 학원으로 찾아와서 상담을 받는 분들도 계시죠.

이때가 바로 마스터하기로 넘어가야 할 시점입니다. 제 삶의 이야기와 가치를 경험한 사람들 중에서 실제적인 노하우와 결과를 얻고 싶은 사람들을 대상으로 강의를 진행하는 것입니다. 이는 사람들과 더 깊은 관계를 만드는 순간입니다. 경험하기 동안에는 개인과 타인의 관계였다면, 이때부터는 함께 성장하는 공동체의 관계로 전환되는 것입니다. 저는 그래서 마스터하기 단계에서 진정한 행복을 느낍니다. 단순히 한 번의 강연으로 끝나는 관계가 아니라 서로 돕고 성장하며 서로의 삶을 응원해주는 공동체로의 일원으로 살아갈 수 있기 때문입니다.

❷ 가치를 말로 전하는 과정1: 경험하기

앞선 시간을 통해 경험하기와 마스터하기에 대한 이야기를 나눴습니다. 경험하기는 여러분이 가치를 말로 전하기 위해 사람들과 직접 마주하는 첫 번째 순간입니다. 무엇이든 첫 순간에는 항상 떨리기 마련이죠.

모교인 김포외국어고등학교에서 강연했을 때 가장 설레고 떨렸던 기억이 납니다. 학교가 설립된 지 2년차에 제가 2기로 입학을 해서 졸업생으로는 처음으로 학교에서 강연을 진행하다보니 의미가 남달랐죠. 되돌아보니 그 설렘 가득한 순간에 미소가 지어지네요.

첫 강연의 떨림과 그 설렘

첫 무대의 떨림을 이보다 더 잘 표현한 영화가 있을까요? 영화 『이프 온리 If only』에서 여주인공 사만다의 남자친구인 이안 폴 니콜슨은 여자 친구인 사만다의 연주회에서 그녀 몰래 그녀의 자작곡 악보를 복사합니다. 그 후 연주회 단원들에게 악보를 나누어 주고 사만다를 마지막 특별 무대로 초청하죠. 그녀는 갑작스러운 초청에 당황하지만 이내 무대에서 자신의 노래 〈Love will show you everything〉을 끝까지 부릅니다. 아무런 계획도 없이 갑작스럽게 준비된 무대였지만, 그녀가 끝까지 최선을 다해 노래를 부르는 모습을 보며 관중들 모두가 일어나 기립박수를 치는 것으로 영화는 끝이 납니다.

처음엔 강연에 대해서 전혀 몰랐습니다. 어떻게 강연을 해야 하는지 막막하기만 했습니다. 학생들에게 영어를 가르치는 강의는 자신 있었지만, 내 삶의 이야기를 해야 하는 강연을 할 때에는 미리 대본을 준비해서 전날까지 외우고 또 외우느라 손에 땀을 쥘 정도였습니다. 이런 저에게 용기를 줬던 영화가 『이프 온리 If only』입니다.

사람들은 무대 위에 서 있는 사람이 얼마나 떨리는지 알고 있습니다. 중요한 것은 그러한 떨림에도 불구하고 그것을 이겨내고 최선을 다하는 모습을 보여주는 것입니다. 그러니 무대 위에서 실수하는 것이 두려워 사람들 앞에 나서는 것을 피해서는 안 됩니다. 무대에 서는 것 자체만으로도 당신은 엄청나게 특별한 영향력을 미치는 것이기 때문입니다.

'떨린다구요? 당연합니다!'

무대 위에서 떨리는 것은 너무나 당연한 것입니다. 저는 무대 위에서 제 삶의 스토리를 얘기했고, 저만의 색깔을 입혔습니다. 머릿속에서만 생각해낸 이론들을 얘기하는 강의가 아니라 실제 부딪치고 깨지며 배운 삶의 경험들을 이야기했습니다. 저의 경험을 진솔하게 얘기하자 사람들의 마음의 문이 열리고 제 이야기에 공감해주기 시작했습니다. 강연에 '특별함'이 더해지기 시작하는 순간은 이때부터입니다.

여러분의 가치를 말로 전하는 과정은 경이로울 때가 많습니다. 여러분이 전한 가치로 인해 사람들이 세상을 바라보는 시야가 넓어지고 기존의 관점을 바꾸도록 만들기도 합니다. 무대 위에서 나만의 매력적인 스토리를 다른 사람들에게 전하는 일은 황홀한 마법과 같은 것이죠. 여러분만의 가치와 삶의 지식과 경험, 노하우가 다른 사람들의 성공을 돕기 때문입니다.

어떤 경우든 여러분의 가치와 삶의 스토리는 특별할 수밖에 없습니다. 전 세계 70억 인구 중에서 오직 단 한 사람, 오직 당신만이 당신의 삶을 경험했기 때문입니다. 이렇게 삶을 통해 배운 지식과 경험, 노하우는 깊은 울림을 전해줍니다.

③ 가치를 말로 전하는 과정2: 기획하기

시선을 떼지 못할 정도로 강렬한 아름다움을 가진 사람이나, 들으면 들을수록 마음을 울리는 음악, 그리고 세계적인 그림과 건축물에는 미적인 균형감인 '황금 비율'이라는 비밀이 숨어있습니다. 이러한 황금 비율은 1.618대 1로 발견되었으며, 고대 그리스 시대부터 건축물과 예술 작품들에 적용되기 시작하였습니다. 황금 비율은 사람의 시야에 가장 편안하게 보이는 구도와 비율로써 오랫동안 사람들의 인식 속에 자리 잡았고, 이는 시대에 따라 상대적인 변화가 있을 뿐 무의식적으로 사람들의 머릿속에 각인되어 있습니다.

강연에도 이와 같이 사람들의 심리와 정서를 움직이는 황금 비율이 존재합니다. 이러한 황금 비율에 충실하면 청중들의 마음을 울리고 감동을 줄 수 있죠. 일반적으로 강연은 도입부, 주제의 중요성 『가』, 주제의 구체적인 내용 『나』, 핵심적인 내용 환기 『가′』, 종결부의 형태로 이루어져 있습니다. 이에 따른 강연의 황금 비율은 다음과 같습니다.

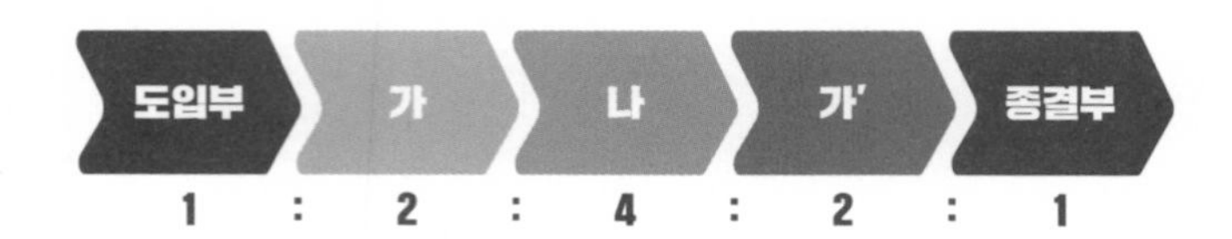

만약 1시간짜리 강연을 한다면 도입부가 6분, 주제의 중요성을 언급하는 『가』가 12분, 주제의 구체적인 내용을 다루는 『나』가 24분, 그리고 핵심적인 내용을 다시 한번 환기시키는 『가'』가 12분, 마지막 종결부가 6분으로 구성됩니다. 주어진 1시간을 각 파트별로 황금 비율에 따라 적절히 분배하는 것이 핵심입니다. 이렇게 강연을 진행하면 청중들이 전체적인 흐름을 예상할 수 있는 편안한 강의가 이루어집니다. '도대체 이 강연은 어디서부터가 시작이고, 어디가 끝인거야'라는 생각이 청중들의 마음속에 드는 순간, 그 강연은 실패로 끝날 가능성이 높습니다.

황금비율에 따라 각 파트에 어떤 콘텐츠를 담아야 하는지 알기에 앞서 사람들이 공감할 수 있는 강연의 주제를 정하는 일이 중요합니다. 책의 제목이 중요한 것처럼 강연의 제목 또한 정말로 중요한 요소입니다. 저는 책의 제목을 차용해서 강연의 제목을 정하는 경우가 많은데, 이 또한 독서와 사색을 통해 사람들에게 전해주고 싶은 가치가 무엇인지 깊게 생각해보는 과정이 필요합니다.

강연을 기획하는 것은 책을 기획하는 것과 많은 부분 맞닿아 있습니다. 책은 자신의 가치를 글로 전하는 거라면 강연은 그 가치를 말로 전하는 것이기 때문입니다. 그렇기에 매력적인 제목을 정했다면, 도입부와 종결부를 제외한 『가』, 『나』, 『가′』에 각각의 소제목을 붙이고 소제목에 맞는 사례와 예시를 찾습니다. 예를 들어, 《성공하는 리더십의 3가지 비밀》이라는 강연 제목을 정했으면 『가』에는 '왜 리더십이 중요한가?'와 같이 강연 주제가 왜 중요한지에 대해 알려줄 수 있는 제목을 정합니다. 『나』에는 본격적으로 성공적인 리더십을 배울 수 있는 3가지 방법을 넣습니다. 예컨대, 끌어당김의 법칙, 존경의 법칙, 영향력의 법칙과 같은 제목을 정하는 것입니다.

마지막으로 『가′』에서는 '리더십이 왜 중요한가?'를 다시 한번 환기시키고, 리더십에 관한 여러분의 가치를 선명하게 전달해주어야 합니다. 청중들의 삶과 동떨어진 이야기가 아니라, 누구나 삶 속에서 실천할 수 있는 '해결책'을 제시하는 것이 좋습니다.

이러한 기획안은 머릿속으로만 구상해서는 안 됩니다. 강연을 주최하는 측에서는 언제나 강연자에게 어떤 강연이 이뤄질지에 대한 기획안을 요구하기 때문입니다. 처음 강연을 하는 사람이라면 이러한 요청을 받고 어떻게 작성해야 할지 어리둥절할 수 있습니다. 이에 대한 질문도 많은 편입니다. 그래서 앞선 이야기를 바탕으로 아래와 같이 강연 기획안을 작성하는 형식을 만들어보았습니다. 첫 강연의 설레는 마음을 담아 여러분의 가치를 사람들에게 전하는 멋진 기획안이 탄생하길 바랍니다.

《강연 기획안 예시》

주제: 성공하는 리더십의 3가지 비밀

◆◆◆

『도입부』 청중과 공감할 수 있는 말이나 질문으로 시작해서 청중들이 내 이야기를 집중해서 들을 수 있도록 마음을 열게 만듭니다.

『가』 리더십이 왜 중요한가?

『나』 성공하는 리더십의 3가지 비밀

· 첫 번째 비밀 - 끌어당김의 법칙

· 두 번째 비밀 - 존경의 법칙

· 세 번째 비밀 - 영향력의 법칙

『가′』 어떻게 하면 리더십을 갖출 수 있는가?

『종결부』 리더십에 관한 여러분의 가치를 선명하게 전해줍니다.

여기서 강조하고 싶은 부분이 있습니다. 아무리 좋은 기획안을 만들고, 훌륭한 가치를 전달해도 듣는 사람들의 마음을 열지 못한다면, 그 강연은 아쉽게 끝날 가능성이 높습니다. 그래서 효과적인 '도입부'를 만드는 것은 강연의 성패를 결정짓는 열쇠입니다. 성공적인 '도입부'를 만드는 방법은 두 가지가 있습니다. 첫 번째는 청중들에 대한 가벼운 칭찬이나 관심, 누구나 대답할 수 있는 질문으로 시작하는 것입니다. 예컨대 김창옥 교수와 같이 '예쁜 여자 오래 가나요, 오래 못 가나요?'와 같이 흥미로운 질문으로 시작하는 것도 좋은 방법입니다.

두 번째는 청중들과 공감대를 형성해서 빠른 시간 안에 마음을 열게 하는 것입니다. 청중들이 공감할 수 있는 주제를 먼저 얘기함으로써 심리적인 방어선을 무너뜨리는 것이다. 김미경 교수는 다음과 같은 말로 『꿈을 이루는 7가지 법칙』이라는 강연을 시작합니다.

"반갑습니다. 안녕하세요. 여러분 잘 지냈어요? 애들도 잘 크구요? 많은 사람들이 궁금해서 물어보는데, 저는 애가 셋이에요. 큰애가

25살, 제 나이는 51살 이구요. 손 들어봐요, 저랑 같은 용띠. 둘째는 19살, 아들내미 하나 있구요. 제가 마흔 하나에 늦둥이를 낳았어요. 11살 초등학교 4학년, 아유 엄청 이뻐요. 다들 남편은 어디 사라진 줄 아는데 잘 살고 있어요.

자, 이제 여기에는 어떤 분들이 오셨나 한 번 볼까요. 20대 분들 손 들어보세요. 여기 오신 분들 중에 20대. 어휴 20대 손 드신 분들 몇 분이 계신데, 많이 힘들죠? 힘들지 뭐, 독립하려니 막막하고, 취업하려니 전쟁이고 직장은 어디 잡아야 할지도 모르겠고, 결혼하려고 해도 5포 세대, 7포 세대란 말이 매일같이 들리니까. 30대 한 번 손 들어봐요. 크게 딱 들어보세요. 굉장히 많네. 여긴 또 얼마나 힘든데…, 인생의 가장 중요한 결정을 30대에 다 하게 되어있어요. 직장과 결혼. 이 두 가지를 다하잖아요. 근데 그 결정을 할 때 친구랑 비교하니까 더 힘들어요. 이 친구는 대기업에 들어가서 연봉이 6000만원이 넘고, 저 친구는 결혼할 때 엄마가 목동에 38평짜리 아파트 사주었더라는 얘기 때문에 더 힘든 거예요. 30대가 왜 속상한지 아세요? 그 차이가 평생 안 좁혀질 것 같거든. 근데 그렇지 않아요 여러분."

과연 국내 최고라고 일컬어질 만큼 자연스럽게 사람들의 공감을 이끌어내고 마음을 열게 만듭니다. 그녀는 자신의 가족에 대한 이야기로 출발해서 20대, 30대 청중들의 공감을 이끌어냅니다. 이렇게 도입부를 시작하면 청중들은 여러분의 이야기에 귀를 기울이기 시작하면서, 점차 마음을 열어가는 것입니다. 나의 이야기를 통해 청중들이 '맞아, 나도 그랬었지', '저 사람도 나와 같은 어려움이 있었구나'라고 고개를 끄덕거리는 사이 청중은 나와 자연스럽게 공감대를 형성하게 되는 것입니다.

다음으로는 『가』로 넘어가면서 꿈이 왜 중요한지 자신의 사례가 담긴 재미있는 에피소드를 제시합니다. 특히 빌 게이츠나 스티브 잡스, 마윈이나 잭 웰치와 같이 세계적으로 유명한 사람들의 이야기와 그들이 했던 명언을 풀어놓으면서 강연에 불을 붙이죠. 그리고는 『나』에서 꿈을 이루는 7가지 법칙에 대해 이야기합니다. 각각의 법칙에 논리적인 근거와 에피소드를 적절히 배치해서 듣는 이의 눈과 귀를 사로잡습니다.

이제 청중들은 점점 더 이야기에 빠져들면서, '저는 어떻게 해야 제 꿈을 이룰 수 있을까요?'라고 마음속으로 묻기 시작할 것입니다. 그때쯤 『가'』로 넘어가면서 꿈을 이루는데 가장 중요한 방법들에 대해 다시 한번 상기시켜주고, 자신이 꿈을 이뤘던 에피소드를 들려주면서 마무리 인사와 함께 강연을 마치는 것입니다. 종결부는 전하고자 하는 가치를 선명하게 드러낼 수 있는 감동적인 말로 마무리하는 것이 가장 효과적입니다. 앞에서 약간의 실수가 있어도 마무리가 마음에 와 닿으면, 앞에서 했던 말들이 모두 감동적으로 기억되기 때문입니다.

첫 강연 요청으로 인한 설렘도 잠시, 여러분이 어렵게 만들어낸 가치를 말로 전하기 위한 강연은 이렇게 황금 비율에 따라 철저하게 계획된 준비를 통해 성공적으로 마칠 수 있습니다. 여러분의 가치를 글로 전하는 책과 같이 평소에 많은 사람들의 강연을 보고 분석한 사람만이 성공적인 강연을 할 수 있습니다.

아이디어라는 특별한 선물

이 책을 읽는 여러분들과 꼭 함께 보고 싶은 강연이 있습니다. 세상을 바꾸는 18분의 기적이라고 불리는 TED의 대표를 맡고 있는 크리스 앤더슨이 만든 〈훌륭한 강연을 위한 TED의 비밀〉이라는 영상입니다. 지금까지 열심히 달려온 우리들이기에, 잠시 쉬어가는 페이지를 통해 마음의 여유를 가지고 그의 이야기를 같이 들어보면 좋겠습니다.

◆ ◆ ◆

훌륭한 강연을 위한 TED의 비밀

크리스 앤더슨은 다음과 같은 말로 첫 마디를 시작합니다.

"모든 위대한 TED 강연에 공통적으로 있는 것이 하나 있습니다. 그것을 여러분들과 공유하려고 합니다. 저는 위대한 강연의 비결을 수많은 TED 강연자로부터 직접 배웠습니다. 수많은 강연자들과 그들의 주제들이 모두 다 다른 것처럼 보이지만, 한 가지 중요한 재료가 공통적으로 들어 있습니다. 그것은 '아이디어'입니다. 연사들은 청중들의 마음속에 '아이디어'라고 불리는 특별한 선물을 옮겨놓습니다."

그가 말하는 아이디어란 우리가 이 책을 통해 이야기하는 가치와 일맥상통합니다. 그는 이어서 청중들의 마음속에 아이디어를 옮겨놓는 흥미로운 3가지 방법에 대해 이야기 합니다.

첫째, 여러분의 강연을 하나의 핵심 아이디어로만 한정하세요. 아이디어는 복잡한 것입니다. 여러분들이 가장 큰 열정을 갖는 단 하나의 아이디어에 집중하고, 그 하나를 제대로 설명하기 위해 부가적인 내용을 줄여야 합니다. 아이디어가 탄생한 맥락을 제시하고 효과적인 예시를 공유하고 생생하게 보여주어야 합니다. 그러므로 단 하나의 아이디어를 선정해서 강연 전체를 꿰뚫는 하나의 선이 되도록 만드세요. 여러분이 말하는 모든 것이 어떠한 방식으로든 그 선과 연결될 수 있도록 말입니다.

둘째, 청중들이 관심을 가질만한 이유를 제시해 주세요. 청중들의 마음속에 아이디어를 옮기기 전에 여러분들을 기꺼이 받아들일 수 있도록 허락을 받아야 합니다. 청중들의 허락을 받기 위해 가장 필요한 도구가 뭘까요. 그것은 바로 호기심입니다. 청중의 호기심을 자극하세요. 흥미롭고 자극적인 질문을 던져서 왜 어떤 현상이 말이 안 되고, 설명이 필요한지 알려주세요. 사람들의 세계관 속에 연결이 끊어져 있는 부분을 드러내 주면 사람들은 그 지식 격차를 이을 필요성을 느끼게 될 겁니다. 그 욕구를 불러일으키고 나면 여러분의 아이디어를 사람들의 머릿속에 구축하는 것이 훨씬 쉬워질 것입니다.

셋째, 청중들이 이미 이해하고 있는 개념으로 여러분의 아이디어를 하나씩 하나씩 구축해 나가세요. 언어의 힘을 사용해서 청중들의 머릿속에 이미 존재하는 개념들을 함께 엮으세요. 그렇지만 여러분의 언어가 아닌 누구나 이해하기 쉬운 청중의 언어로요. 그들이 서 있는 지점에서 시작하는 것이죠. 강연자들은 종종 자신들의 삶 속에 있는 개념과 용어들이 청중들에게는 생소한 언어라는 사실을 잊어버립니다.
이때 비유는 깨어진 조각들이 어떻게 맞추어지는지 보여주는데 중요한 역할을 합니다. 청중들이 이미 이해하고 있는 아이디어를 이용하여 비유를 이해하기 시작합니다. 예를 들어, 제니퍼 칸은 'CRISPR'이라는 생명공학 기술을 이렇게 설명했습니다.

"DNA를 편집할 수 있는 가위가 처음으로 생긴 기분입니다. 'CRISPR'은 유전 정보를 매우 쉽게 자르고 붙일 수 있게 해줍니다."

비유를 통한 이런 생생한 설명은 청중들에게 만족스러운 깨달음의 순간을 가져다줍니다. 우선 머릿속에 착 달라붙으면서요. 그렇기에 절친한 친구들을 대상으로 강연을 해보고 어느 부분에서 헷갈려하는지 알아내는 것이 중요합니다.

성공적인 강연의 네 번째 비밀은 여러분의 아이디어를 공유할 만한 가치가 있도록 만드는 것입니다. 스스로에게 이 질문을 해보세요.

'이 아이디어가 누구에게 도움이 되는가?' 진솔하게 대답해야 합니다. 여러분이나 여러분이 속하는 조직에만 도움이 되는 아이디어라면 죄송하지만 공유할 만한 가치가 없는 아이디어입니다. 청중들은 속내를 꿰뚫어 볼 것입니다. 하지만 다른 이들의 삶을 나아지게 하거나 다른 사람들의 관점을 더 나은 방향으로 변화시키거나 다르게 행동할 계기를 마련해줄 가능성이 있는 아이디어라면 진정으로 훌륭한 강연을 만들 수 있는 핵심 재료를 가지고 계신 겁니다. 이는 우리 모두에게 선물이 될 수 있는 강연입니다.

이와 같은 크리스 앤더슨의 이야기는 가치를 세상에 전하고자 하는 우리들에게도 많은 영감을 줍니다. 단 한 가지 핵심 가치를 선정하고, 청중들의 호기심을 자극해서 누구나 이해하기 쉬운 언어로 청중들의 머릿속에 가치를 전하는 일은 우리가 강연을 통해 하고자 하는 일과 동일합니다. 크리스 앤더슨의 강연이 제게도 울림을 줬던 것처럼 여러분에게도 같은 울림이 전달되었으면 좋겠습니다.

④ 가치를 말로 전하는 과정3: 마스터하기

앞서 살펴본 경험하기는 여러분의 가치와 삶의 이야기를 잔잔하게 풀어내는 과정이었다면, 마스터하기는 여러분의 가치를 깊이 있게 배워보고 싶은 사람들을 위한 강의입니다. 저는 『지식을 돈으로 바꾸는 기술』이 출간된 뒤 이를 주제로 한 다양한 외부 강연과 독서모임을 통해 많은 사람들과 만남을 가졌고, 현재도 기회가 될 때마다 외부 강연을 나가고 있습니다. 항상 강연이 끝나면 더 자세한 내용에 관심을 갖는 사람들이 생기고 이때마다 그들을 위한 마스터 과정을 소개합니다. 이처럼 경험하기와 마스터하기는 서로를 강력하게 연결하며 시너지 효과를 냅니다.

'경험하기'에서 '마스터하기'로 넘어가기

만약 여러분이 강연을 통해 많은 사람들에게 노래를 잘하는 법을 알려주었다면, 여러분의 가치와 삶의 이야기에 끌린 몇 명의 사람들은 여러분에게 노래를 배우고 싶어 할 것입니다. 그때 그들의 실력을 향상시키기 위한 마스터 과정을 준비할 필요가 있습니다.

저는 같은 상황에서 항상 3가지 원칙 이를 '3C'라 합니다. 을 마음속에 새기고 사람들을 마스터 과정으로 안내합니다. 더 깊이 있게 노래를 배우고 싶은 사람들은 진정으로 어려움을 느꼈고, 여러분을 통해 그 어려움을 해결할 수 있을 것이라고 생각했기 때문에 여러분을 찾아왔을 것입니다. 그렇기에 반드시 아래 3가지 원칙을 가지고 마스터 과정에 임해야 합니다.

1. **관심** Caring **: 당신은 진정으로 사람들이 그들의 목표를 성취하도록 돕는데 관심을 기울이고 있습니까?**
2. **코칭** Coaching **: 사람들이 목표를 성취하는데 필요한 모든 조치를 하나씩 확실히 취해가도록 시간을 내어 단계별로 코칭을 해주고 있습니까?**
3. **맞춤** Customization **: 사람들의 고유 특성에 맞춰서 최상의 결과를 이끌어낼 수 있도록 가르치고 있습니까?**

이러한 '3C'를 달성하는 과정에서 크고, 원대한 목표나 단계를 설정하는 것은 좋지 않습니다. 최종 목표는 크게 잡되, 그 세부 과정은 아주 작고 부담 없는 수준으로 설정하는 것이 좋습니다. 예를 들어 코칭Coaching 을 하는 과정에서 목표로 성취하는 세부 단계가 8단계라면, 이를 16단계로 세분화시켜서 설계하는 것이 좋습니다. 또한 이러한 각 단계마다 진정으로 관심Caring 을 기울이며, 모든 과제를 완수할 수 있도록 만들어야 합니다. 이는 영어 교육도 마찬가지고, 게임, 유튜브, 낚시, 캠핑 등 여러분이 세상에 전하고자 하는 모든 가치에서 동일하게 적용됩니다. 그래야 진정한 변화가 이루어지기 때문입니다.

마케팅 전문가인 빌 비숍Bill Bishop 이 제시한 다음의 이야기는 이러한 마스터 과정을 만드는 훌륭한 사례를 제시해줍니다.

당신이 피트니스 클럽을 운영한다고 상상해보자. 5년 전에 피트니스 클럽을 개업했고, 연회비로 750달러를 부과했지만 고객들은 넘쳐났다. 하지만 맞은편에 새로운 피트니스 클럽이 생기기 시작하면서 이러한 상황은 역전되기 시작했다. 맞은편의 피트니스 클럽은 더 좋고, 더 새로운 운동기구를 갖췄음에도 불구하고 연회비로 500달러를 받았고, 그에 따라 당신의 연회비도 500달러로 낮출 수밖에 없었다. 더욱이 또 하나의 피트니스 클럽이 문을 열면서 당신은 연회비를 다시 400달러로 낮춰야 했다. 그 과정을 통해 당신은 무언가 새롭고 극적인 변화가 필요하다고 느낀다. 고객들과의 의사소통을 통해 건강하고 멋진 몸을 만들어서 보다 행복한 삶을 사는 것이라는 궁극적인 목표도 발견하게 되었지만 당신의 피트니스 클럽에는 이러한 궁극적인 목표를 달성할 수 있는 체계적인 계획이나 프로세스가 없어서 대부분의 고객들은 자신의 목표를 달성하지 못하고 있었다. 또한 당신은 회원들에게 필요한 것이 운동만이 아니라는 사실을 깨달았다. 그들에게는 보다 나은 식습관과 보다 건강한 생활방식도 필요했다.

당신은 이러한 인식을 토대로 피트니스 회원들이 궁극적 목표를 달성하고 새로운 면모를 갖출 수 있도록 돕는 프로세스를 만들기로 결정한다. 일반 회원을 위한 400달러 연회비를 그대로 유지하는 한편, '그레이트 세이프 포퓰러GSF'라는 이름의 프리미엄 프로그램을 만들어서 4000달러에 제공하는 방식이다. 당신은 그 가격이 모두를 위한 프로그램이 아님을 알고 있다. 하지만 진정으로 멋진 몸매를 원하고 그것을 위해서라면 많은 돈을 지불하는 사람들이 있다는 사실 또한 잘 알고 있다.
회원들이 피트니스 클럽에 처음 가입할 때의 몸 상태에서 벗어나 많은 면에서 바람직한 신체를 갖도록 도울 수 있는 방법을 생각해서 프로그램을 개발한다. 회원들은 전형적으로 과체중에다 근육이 빈약하며 심혈관 기능이 약화된 상태다. 게다가 자긍심이 부족하고, 끈기가 없으며 스트레스를 많이 받는다. 전반적인 신체 기능뿐만 아니라 정신 건강도 열악하다는 얘기다.

당신은 이러한 고객에 대한 체계적인 분석을 바탕으로 어떻게 프로그램을 개발해야할지 수많은 전문가들과 함께 고민한 끝에 다음과 같은 과정을 만들어냈다. 그들은 분명히 일주일에 적어도 세 차례, 한 시간 이상씩은 운동해야 한다. 과정을 밟아 나가는 과정에서 의료 검진을 받게 할 필요도 있다. 심신 단련에 도움이 되는 요가도 필요하고 건강을 위한 식습관 상담도 필요하다. 피트니스와 건강에 영향을 미치는 정신적 혹은 정서적 장애가 있는 경우 그것을 떨쳐내도록 돕는 심리치료도 필요하다.

회원들의 신체 변화를 이뤄내기 위해 당신은 이들 요소를 적절한 순서로 연결한다. 첫 번째 단계는 비전 확립 및 프로그램 계획이다. 두 번째 단계는 의료 검진이고, 세 번째는 피트니스, 네 번째는 식단계획, 다섯 번째는 요가수업, 이런 식으로 18단계까지 이어진다.
무료로 1기에 해당하는 20명을 모집해서 이 18단계를 실제 적용해보면서 당신은 더 완벽한 프로세스를 개발하는데 도달한다. 이제 누구든 이 18단계 프로그램을 밟으며 필요한 모든 것을 수행한다면 망가진 모습에서 바람직한 면모로 완전한 변화를 이룰 것이 확실하다.

이러한 스페셜 코칭 프로그램은 피트니스의 평판을 올려준다. 지역 언론 매체들이 관심을 갖고 당신의 새 프로그램이 얼마나 효과적인지에 대한 기사를 게재한다. 당신은 책을 쓰고, 비디오를 보며 따라 할 수 있는 프로그램을 출시한다. 다른 피트니스 클럽들은 자신의 클럽에서도 당신의 프로세스를 이용할 수 있도록 라이선스를 줄 수 있는지 문의한다. 모두가 그 멋진 프로세스의 성공 방안을 배우고 싶어 한다. 당신의 프로세스가 하늘에서 밝게 빛나는 별이 되는 것이다.

이러한 사례는 경험하기에서 마스터하기로 넘어오는 사람들의 궁극적 목표를 파악하고, 그러한 목표를 달성하도록 돕는 모든 단계가 포함된 프로세스를 개발하는 것의 중요성을 보여줍니다. 이러한 과정은 결코 쉽게 이뤄지지 않습니다. 하지만 여러분의 가치를 더욱 깊이 있게 배우고 싶은 사람들에 대해 치열하고 끈질기게 사색한다면, 반드시 그 해답을 얻을 수 있을 것입니다.

가격 차별화 전략

앞선 예시에서 또 하나 주목해야 할 사항은 피트니스 클럽이 기존의 400달러에 해당하는 연회비를 그대로 두고, 새로운 4000달러의 프로그램을 개발한 것입니다. 이처럼 마스터 과정을 설계할 때에는 가격을 차별화하는 전략을 사용하는 방법이 효과적입니다. 특히 저가, 중가, 고가의 3개의 서비스로 구성된 마스터 과정을 제시하는 것이 좋습니다. 호텔이 보통 Standard, Deluxe, Premium 세 개의 방으로 구성된 가격을 제시하는 것과 같은 원리입니다. 많은 사람들은 중간 가격에 해당하는 상품을 구매하고자 합니다. 그러므로 핵심 내용을 중심으로 몇 가지 단계를 제외한 저가 과정과 몇 가지 단계를 더한 고가 과정으로 구성된 3개의 서비스를 동시에 제시하는 것이 효과적입니다.

통일된 하나의 브랜드

이러한 모든 단계를 거쳐 만들어진 마스터 과정은 하나의 브랜드로서 통일성을 지니고 있어야 합니다. 앞선 예시에서 볼 수 있듯이 피트니스 클럽은 진정으로 멋진 몸매를 원하고, 그를 위해 기꺼이 많은 돈을 지불하고자 하는 사람들을 위해 '그레이트 세이프 포뮬러GSF'라는 마스터 과정을 만들었습니다. 여기에서 사람들의 삶을 변화시키는 '그레이트 세이프 포뮬러GSF'는 하나의 브랜드를 나타냅니다. 쉽게 이야기하면 마스터 과정의 이름이 되겠죠.

하지만 여기에는 이름 그 이상의 의미가 담겨 있습니다. 하나의 브랜드를 만들기 위해서는 우선 여러분이 전하는 가치가 누구에게 가장 도움을 줄 수 있을지 생각해보아야 합니다. '진정으로 멋진 몸매를 원하고, 그를 위해 기꺼이 많은 돈을 지불하고자 하는 사람들을 위해' 만들어 진 그레이트 세이프 포퓰러 GSF 처럼 말이죠. 이때, 범위는 최대한 작게 생각하는 것이 좋습니다.

예를 들어 시험 영어 교육 시장은 수능, 토익, 토플, 텝스, 아이엘츠, 토스, 오픽 등으로 구분되어 있습니다. 이를 마케팅에서는 시장 세분화 Segmentation 라고 합니다. 그 중에서 제가 학생들에게 가장 큰 도움을 줄 수 있는 시장은 단연 수능 시장입니다. 그중에서도 고3, 2, N수생에게 실질적인 성적 향상을 일으켜줄 수 있죠. 이렇게 세분화된 시장에서 하나의 목표 시장을 정하는 것을 타깃팅 Targeting 이라고 합니다. 여기까지 이뤄진 후에야 비로소 하나의 브랜드를 만들 수 있습니다.

브랜드를 만들기 위해서는 또한 반드시 내 가치를 통해 사람들이 얻고자 하는 것이 무엇인지 깊이 있게 생각해야 합니다. '영어 교육을 받는 이유는 당연히 성적을 올리기 위해서지'라고 생각을 멈추는 것이 아니라, '사람들은 왜 성적을 올리고 싶어 할까?'까지 생각해야 합니다. 이와 같은 방식으로 생각하다보면 결국 '합격'과 '성공'이라는 생각에 이를 수 있습니다. 어떤 사람들은 영어 교육의 목적을 회화를 잘하기 위해서라고 생각한 뒤에 '문화의 교류'라는 궁극적인 가치를 찾아낼 수도 있습니다. 이러한 다양성은 각각의 브랜드가 가진 색채를 더욱 선명하게 만들어줍니다.

이렇게 여러분이 세상에 전하는 가치를 통해 사람들이 진정으로 얻고 싶은 것을 찾는 것이 바로 브랜드를 만드는 마지막 단계입니다. 이를 통해 사람들의 머릿속에 다른 가치들과는 차별화된 여러분의 특징적인 가치를 심어놓을 수 있습니다. 이를 마케팅에서 포지셔닝Positioning 이라고 합니다. 일반적인 사람들에게 벤츠가 부와 성공을 상징하는 고급차로 인식되는 것이 바로 이 포지셔닝에 해당합니다.

이제 여러분은 세상에 전하는 가치를 통해 사람들이 진정으로 얻고 싶은 것을 깊이 있게 생각하고 찾아야 합니다. 그리고 마침내 사람들이 진정으로 원하는 것을 찾았다면, 이를 여러분의 철학과 비전으로 명시해두는 것이 필요합니다. 집으로 비유하면 철학과 비전은 주춧돌과 같은 것입니다. 주춧돌이 올바로 놓여 있지 않다면 집은 언제든지 무너지거나 기울어질 가능성이 있는 것처럼, 이러한 철학과 비전이 확립되어 있지 않다면 그 브랜드는 빠르게 변화하는 세상 속에서 선명한 색채를 잃어버릴 가능성이 높습니다.

철학과 비전이라, 살면서 한 번도 생각해본 적이 없다면 어렵게 다가올 수 있는 개념입니다. 이를 쉽게 정의하면 다음과 같습니다.

철학 | 여러분이 사람들에게 제공하는 가치와 믿음

비전 | 이러한 가치를 바탕으로 여러분이 추구하는 미래상

이러한 정의에 따라 제가 운영하는 세움영어의 철학과 비전을 예로 들면, 다음과 같습니다.

철학 | 세움영어는 교육이 사람을 변화시키는 가장 강력한 힘이라고 믿습니다.

비전 | 세움영어는 아이들이 이전보다 더 행복하고, 성공적인 삶을 살아갈 수 있도록 교육하고자 합니다.

저는 교육이 단순히 성적을 향상시키는 것에 멈추는 것이 아니라, 사람을 변화시키는 가장 강력한 힘이라고 믿습니다. 그래서 아이들이 세움영어를 통해 이전보다 더 행복하고 성공적인 삶을 살아갈 수 있기를 바라고 꿈꿉니다. 이것이 바로 저의 철학이자 비전인 것입니다.

이처럼 철학과 비전은 가치를 전달하는 사람의 생각을 선명하게 보여줍니다. 비전은 가치를 전달하는 사람이 어디까지 성장할 수 있을지 보여주기도 하죠. 주춧돌이 크고 단단하게 세워져 있는 집이 오래 가는 것처럼, 굳건한 철학과 비전이 있는 브랜드는 오랫동안 사랑받고 사람들의 마음속에 남아 있을 수 있습니다.

여러분이 경험하기에서 마스터하기로 넘어가는 과정을 통해 여러분의 소중한 가치를 더욱 깊이 있게 세상에 전하기를 원합니다. 그리고 그에 대한 정당한 대가를 받기를 바랍니다. 그래야만 세상에 더 많은 사람들에게 여러분만의 소중한 가치가 오래도록 전해질 것입니다.

사색에 깊이를 더하다.

하루 한 줄의 마법 • FIVE
많은 사람들에게 영감을 주는
강연을 할 것이다.
"작은 기회로부터 종종 위대한 업적이 시작된다."
- 데모스테네스

하루 한 줄의 마법 SIX

누구나 뒤돌아볼 만큼 멋지고 빛나는 사람이 될 것이다.

❶ 소셜 미디어가 나에게 준 기회들

저는 모든 사람들이 이 세상에 태어난 이유가 있다고 믿습니다. 사람들은 이 세상에 태어난 소명이 있으며, 그 소명을 다하기 위해 우리에게는 특별한 능력이 잠재되어 있습니다. 세상에 여러분만의 가치를 전하는 것은 여러분이 가지고 태어난 소명을 다하는 일입니다. 이 일은 많은 사람들에게 영향력을 전할 때 더욱 빛을 발합니다.

영향력을 키우는 가장 좋은 방법은 이미 영향력을 갖춘 사람들과 함께 일하는 것입니다. 영향력은 서로 합쳐질 때 더욱 커집니다. 유튜브 스타들은 서로의 방송에 출연하고, 유명한 강사들이나 작가들은 함께 강연회를 열곤 합니다. 우수한 선생님들은 함께 수업을 기획하고, 유명 연예인들이 함께 출연한 영화는 대중들에게 더 많은 인기를 얻습니다. 이미 영향력이 있는 사람들과 함께 일한다는 것은 나 또한 비슷하거나 동등한 수준의 영향력을 갖는다는 것을 의미합니다.

하지만 처음부터 이처럼 영향력을 갖춘 사람들과 함께 일하는 것은 쉬운 일이 아닙니다. 나와 비슷한 수준의 사람들과 힘을 합침으로써 조금 더 큰 영향력을 발휘하고, 그 영향력을 통해 조금 더 큰 영향력을 가진 사람들과 일을 할 수 있습니다. 일부의 경우를 제외하고 영향력은 단계적으로 확장되는 것입니다.

저는 영향력을 키우고 많은 사람들과 소통하기 위해 다양한 방법을 시도해왔습니다. 그 중에서 가장 중요한 것은 지금까지 이 책에 제시된 방법을 충실히 따르는 것입니다. 이 책에 제시된 방법에 따라 한 단계, 한 단계씩 따라가는 것이 중요합니다. 그러면 어느 순간 당신은 주변 사람들과 비교될 수 없을 정도로 큰 영향력을 가진 위치에 올라가 있을 것입니다. 페이스북, 인스타그램, 유튜브와 같은 소셜 미디어를 통해 많은 기회들을 얻고 성장했습니다. 2014년에 크라우드 펀딩을 통해서 페이스북으로 3000명이 넘는 사람들과 소통하며 300명이 넘는 사람들로부터 투자를 받았습니다.

2015년도에는 수백 번이 넘는 기출분석을 바탕으로 만든 『수능 영어영역 기출분석의 절대적 코드』가 출간되면서 네이버 카페와 블로그를 통해 3000번 이상의 공유가 이루어졌습니다. 이를 통해 전국의 영어 선생님들과 학원 원장님들, 학생들로부터 많은 쪽지를 받았고 수많은 만남의 축복들이 있었습니다. 네이버 카페와 블로그라는 플랫폼이 존재하지 않았다면 얻지 못했을 소중한 기회였습니다.

지금의 아내를 만난 것도 페이스북을 통해서였습니다. 책 쓰고 강연하기가 꿈이었던 아내는 페이스북을 통해 제가 책을 쓰고 강연을 하던 모습을 보고 함께 아는 친구인 수민이를 통해 연락을 해왔습니다. 몇 년 전 국제 행사에서 미국 AIG 그룹 수석 부사장 수행통역을 하면서 알게 된 친구가 페이스북에 함께 아는 친구로 되어 있었고, 그 친구를 통해 지금의 아내와 서로 연락처를 주고받으면서 만남이 시작되었습니다. 그 인연을 시작으로 우리는 6개월 만에 결혼하게 되었고, 항상 농담으로 페이스북을 만든 마크 저커버그에게 감사의 선물을 보내야 한다는 얘기를 하곤 합니다.

이외에도 페이스북을 통해 시작된 『다채로운 지식의 식탁』 공동 저서 프로젝트가 출간 일주일 만에 네이버 및 예스24 베스트셀러에 올랐고 『지식을 돈으로 바꾸는 기술』이 출간과 동시에 베스트셀러에 오르고, 태국에서 출간을 앞두고 있는 것도, 한경BP라는 대형 출판사와 출간 계약을 맺을 수 있었던 것도 모두 소셜 미디어 덕분이었습니다. 그렇기에 저에게 페이스북, 인스타그램, 유튜브와 같은 소셜 미디어가 갖는 의미는 굉장히 특별하고 소중합니다.

② 가치를 팬덤으로 만드는 과정1: 작은 단위의 키워드 선점

당신은 왜 검색되어야 하는가?

잠실에 거주하고 있는 제 어머니의 지인이 어느 날 자녀 교육 문제로 상담 요청을 해왔습니다. 고등학교 3학년 학생인데 1학기 기말고사를 너무 망쳐서 정시 수능에 올인하고자 한다는 것입니다. 주변 학원을 찾기 위해 네이버에 '잠실 수능 영어학원'을 검색해서 우연히 세움영어의 블로그 글을 보고, 유튜브에서 제 강의 영상까지 찾아본 뒤에 저에게 연락을 준 것입니다. 그런데, 한참을 이야기 하다가 나중에 알고 보니 제 어머니의 오랜 지인이었습니다. '세상 참 좁다'라는 생각이 문득 든 순간이었습니다.

이처럼 오늘날 인터넷은 우리들의 일상생활에서 빼놓을 수 없는 도구가 되었습니다. 모든 검색이 인터넷을 통해 이뤄진다고 해도 과언이 아니죠. 새로운 도시의 맛집이 궁금하면 자연스럽게 인스타그램에서 들어가서 검색하고 사람들의 후기를 찾아봅니다. 손에는 늘 스마트폰을 들고 있으니 무엇 하나 검색하지 않는 날이 없습니다. 그렇기 때문에 우리는 무엇을 하든 간에 일단 검색이라는 행위부터 시작하는 습관이 생겨났습니다. "잘 모르겠으면 일단 검색해 보는 게 어때?"라고 하는 식입니다.

'현재 당신은 사람들에게 검색되는 존재인가요?'

이것이 우리가 스스로에게 던져야 하는 첫 번째 질문입니다. 한국인이 가장 많이 사용하는 검색 플랫폼은 단연 네이버입니다. 네이버 인물 검색에 나오지 않더라도 여러분의 가치를 전달하는 블로그 글 하나라도 검색되지 않으면 여러분이 아무리 세상에 가치를 전달하려고 해도 전달할 수가 없습니다.

어느 날은 대기업에 다니는 제 친구가 저에게 '제 4차 산업혁명'을 주제로 1시간 정도 강연을 할 전문가를 찾고 있다는 이야기를 했습니다. 제 주변에 적합한 사람이 떠오르지 않아서 어떻게 찾아야 할까 같이 생각을 하고 있는데, 제 친구는 네이버에 들어가서 '4차 산업혁명 강연'을 키워드로 검색을 시작했습니다. 그중에서 가장 눈에 띄고 자주 등장하는 C씨를 찾아서 네이버에서 인물검색도 해보고, 유튜브에 올라온 강연 영상도 찾아보고, 마지막으로 사람들의 후기까지 읽어본 뒤에 섭외 요청을 위한 연락을 진행하는 것이었습니다.

집에 돌아와서 오늘 있었던 일을 다시 한번 생각해보니, 주변에 추천받은 사람이 없을 때 이것이 세상에 가치를 전할 사람을 찾는 일반적인 과정이라는 생각이 들었습니다.

저의 사례에서 주목해야 될 부분은 ① 키워드를 통해 검색이 이뤄진다는 것과 ② 해당 키워드를 검색했을 때 눈에 띄고 자주 등장해야 한다는 것, ③ 실제 강연 영상과 후기를 통해 검증이 가능해야 한다는 점입니다. 그렇기 때문에 '키워드 설정'과 '다수의 상위 노출 홈페이지, 블로그, 카페, 뉴스, 동영상 등' 그리고 '사람들의 진솔한 후기'를 가지고 있는 것이 중요합니다.

키워드를 통한 전략적 프로모션

우리는 궁금한 것이 있으면 네이버에 들어가서 키워드를 입력하고 검색합니다. 요즘에는 인스타그램과 유튜브를 통해서 검색하는 경우도 많이 있죠. 예를 들어 이번 휴일 날 사랑하는 사람과 함께 명동에서 쇼핑을 한 후 어느 근사한 프렌치 레스토랑에서 와인과 함께 식사를 하고 싶다면, '명동 데이트 코스', '명동 프렌치

레스토랑'과 같은 키워드를 이용해 검색을 할 것입니다. 그리고 그 키워드로 검색된 결과 중에서 마음에 드는 데이트 코스를 따라 데이트를 즐기는 것이죠.

이는 사람을 선택할 때에도 마찬가지입니다. 예컨대 국제행사에서 영어 아나운서로 일하고 싶은 여성이 네이버에 '영어 아나운서'를 검색했을 때 단 한건도 검색되지 않는다면, 그녀가 국제행사에서 사회자로 섭외될 확률은 극히 낮습니다. 국제행사를 주최하는 측은 행사에 필요한 영어 아나운서를 섭외하기 위해 네이버에 '영어 아나운서'를 검색할 것이고, 검색해서 나온 결과들 중에서 해당 국제행사에 가장 적합하고 능력 있는 사람을 섭외하기 위해 노력할 것이기 때문입니다. 그렇기 때문에 검색되고 싶은 키워드를 장악하는 것은 굉장히 중요합니다. 하지만 검색되기 위해 많은 노력을 기울이고 있는 경우에도 검색되지 않는 경우가 있습니다. 그래서 많은 분들이 저에게 이렇게 질문하곤 합니다.

'대표님, 제가 아무리 블로그와 카페에 글을 올려도 검색되지 않아요, 어떻게 해야 하죠?'

정말 열심히 노력했는데, 노출하나 안 되는 네이버 때문에 속상하셨던 분들이 많을 것입니다. 수많은 마케팅 대행사들이 수십, 수

백 개의 네이버 아이디를 만들어서 주요한 키워드를 선점하고 있기 때문에 개인이 주요한 키워드를 선점하는 것은 현실적으로 굉장히 어려운 일입니다.

마케팅 대행사에게 매달 수백, 수천만 원의 비용을 지불할 것이 아니라면 더 작은 단위의 키워드를 찾는 것이 좋습니다. 예를 들어 주요 키워드가 '청바지'라면, 더 작은 단위의 키워드는 '찢어진 청바지' 또는 '가을 청바지'입니다. 기존의 주요 키워드에서 시장 영역을 조금씩 축소하는 것입니다. 이를 통해 검색될 확률을 높이고 상위 노출되는 검색 결과를 가져올 수 있습니다.

객관적인 데이터를 통해 더 작은 단위의 키워드를 선정하는 방법이 있습니다.

컴퓨터로 네이버 메인 화면의 맨 밑에서 '비즈니스 · 광고' 버튼을 클릭합니다. 그리고 등장하는 화면에서 '검색 마케팅'을 클릭합니다. 회원가입을 한 뒤 로그인을 하고, 화면 상단에 나오는 '광고시스템'을 클릭합니다. 그 후 상단에 보이는 '도구'에서 '키워드 도구'를 클릭하면 키워드를 입력할 수 있는 화면이 나옵니다.

만약에 우리가 선글래스를 판매하려고 한다면 키워드에 '선글래스'를 검색할 것입니다. 지금 제가 글을 쓰며 네이버 키워드 도구를 통해 검색해본 결과 선글래스는 PC에서 22,000건, 모바일에서는 100,700건의 검색 결과가 나타나고 있습니다. 이렇게 치열한 키워드에서는 수많은 마케팅 대행사들이 상위 노출을 위한 홈페이지파워링크, 뉴스, 블로그, 카페 등에 관한 상위 노출을 선점하고 있습니다.

선글래스를 검색했을 때 나오는 연관 검색어 중에서 상대적으로 검색 수가 적은 '남자 선글래스, 미러 선글래스, 여자 선글래스'와 같은 더 작은 단위의 키워드를 제목으로 홈페이지를 만들고, 뉴스 기사를 송출하고, 블로그 포스팅을 하고, 관련 카페에 콘텐츠를 올리는 것이 좋습니다. 이렇게 정확한 데이터에 근거해서 키워드를 선정 한 뒤에 콘텐츠 제작을 지속하면 해당 키워드를 선점할 가능성이 높아집니다.

이를 우리가 전하려는 가치에 적용해보면 더욱 이해가 쉽습니다. 저는 이 책의 표지에 들어갈 프로필 사진을 촬영하기 위해 인스타그램에서 '남자 프로필 사진'을 검색해봤습니다. 1만 건이 넘는 검색 결과가 나오더군요. 근데 제가 사는 동네 사진관에서 촬영하기 위해 '송파 프로필 사진'을 검색하니 인스타그램에 올라와있는 결과가 100개도 채 되지 않았습니다. 그 결과를 보고 저는 이렇게 생각합니다. '제가 만약 송파에 있는 프로필 사진관을 운영한다면 '송파 프로필 사진'이라는 키워드를 선점할 텐데, 그럼 송파 프로필 사진은 내가 선점할 수 있을 텐데'라고 말입니다. 이처럼 세상 모든 영역이 레드오션인 것처럼 보여도 사실 많은 부분이 블루오션으로 남아있습니다.

그렇기 때문에 초등 영어라면 자신의 지역을 함께 붙여서 송파 초등 영어학원, 잠실 초등 영어학원 등으로 키워드를 선정하는 것이 좋고, 노래라면 송파 성악, 잠실 성악 등으로 키워드를 선정하면 됩니다. 이렇게 더 작은 단위의 키워드를 결정한 뒤에 이를 제목으로 홈페이지를 제작하고, 블로그에 꾸준히 포스팅을 올리며, 뉴스 기사를 송출하고, 영상을 제작해서 네이버 TV를 통해 업로드 한다면 해당 키워드를 선점하고 검색수를 높이는 결과를 얻을 수 있을 것입니다.

③ 가치를 팬덤으로 만드는 과정2: 소셜 미디어

영향력에 날개를 달아주는 소셜 미디어

전쟁에 다양한 무기들이 필요합니다. 단거리 접전에서는 칼을 사용해야 하며, 중거리 전투에서는 총을 사용할 수 있어야 하고, 장거리 전쟁에서는 미사일과 같은 무기를 사용할 수 있어야 합니다. 그렇기에 지금과 같은 '플랫폼 전쟁의 시대'에서는 단 하나의 플랫폼만 가지고 다른 사람들과 경쟁 하는 것은 불가능합니다. 서로 시너지 효과를 내는 두 개 이상의 소셜 미디어를 동시에 운영할 때 더 많은 사람들에게 여러분의 가치를 전할 수 있습니다.

저는 페이스북과 인스타그램, 유튜브와 네이버TV 그리고 블로그를 주로 활용하는데, 영어를 배우기 위해 상담전화를 하는 학부모님께 어떻게 알고 연락을 주셨는지 물어보면 수능영어학원을 검색하다 블로그 글을 보게 되었고, 블로그를 통해 유튜브 강의 영상까지 본 경우가 많이 있습니다. 반면에 제 책의 독자들은 페이스북과 인스타그램을 통해 후기를 남겨주시고, 책을 잘 봤다는 연락을 주는 경우가 많습니다. 이를 통해 40대 이상에서는 블로그를 신뢰하는 반면, 20·30대에서는 페이스북과 인스타그램, 유튜브를 선호한다는 것을 알 수 있습니다.

지금 여러분이 읽고 있는 이 책이 출간된 이후에도 페이스북, 인스타그램, 유튜브, 틱톡, 네이버 블로그, 카페, 포스트, 카카오스토리 등 계속해서 새로운 소셜 미디어가 등장할 것입니다. 일반적으로 마케팅 대행사에게 의뢰하지 않는 이상 수많은 소셜 미디어를 모두 효과적으로 운영하는 것은 거의 불가능에 가깝기 때문에 여러분이 가장 잘 알고 친숙하게 활용할 수 있는 소셜 미디어부터 하나씩 운영을 시작해 나가는 것이 좋습니다.

성공적으로 소셜 미디어를 운영하는 4단계 방법

2011년부터 올해까지 지난 10년간 소셜 미디어를 통해 꾸준히 사람들과 소통하다보니 어떻게 하면 조금 더 쉽게 소셜 미디어를 효과적으로 활용할 수 있는지 깨닫게 되었습니다. 20대 친구들의 경우 태어날 때부터 워낙 스마트폰과 익숙하다보니 자연스럽게 이를 터득할 수 있지만, 소셜 미디어와 담을 쌓고 살아왔다면 어디서부터 어떻게 시작해야 할지 감이 잡히지 않을 수 있습니다. 그래서 처음 시작할 때 가장 손쉽게 소셜 미디어에 접근할 수 있는 방법을 알려드리고자 합니다.

첫 번째 시작은 벤치마킹입니다. 페이스북과 인스타그램, 블로그, 유튜브 등 여러 가지 소셜 미디어 중에서 디자인, 콘텐츠, 구성이 마음에 드는 벤치마킹 대상을 찾는 것입니다. 소셜 미디어를 성공적으로 운영하기 위해서는 이미 성공한 소셜 미디어 운영자로부터 배워야 합니다. 어떤 디자인으로 썸네일을 만들었는지, 어떤 내용의 콘텐츠를 올리고 있는지 등을 자세히 관찰하며 여러분의 소셜 미디어를 어떻게 운영할지 깊이 있게 생각해야 합니다.

첫 번째 과정이 끝나면 이제 본격적으로 소셜 미디어를 시작하는 단계로 넘어갑니다. 이 단계에서는 새롭게 페이스북과 인스타그램, 유튜브 계정을 만들고, 네이버 블로그를 제작합니다. 벤치마킹한 대상이 썸네일에 개인 프로필 사진을 올려두었다면, 전문 사진작가를 통해 촬영한 프로필 사진을 올려두고, 로고를 올려두었다면 제작된 로고를 올려둡니다. 홈페이지 같이 깔끔한 네이버 블로그를 만들고 싶으면 디자이너에게 의뢰해서 제작을 맡깁니다. 앞서 책에서 언급했던 크몽www.kmong.com 을 통해서도 로고나 홈페이지 형태의 깔끔한 네이버 블로그 제작이 가능합니다.

세 번째는 콘텐츠 제작 단계입니다. 페이스북과 인스타그램은 '3초 전쟁'이라고 불릴 정도로 짧은 시간 내에 사람들의 시선을 사로잡는 포스팅이 인기입니다. 반면에 블로그는 해당 키워드에 관심이 있는 사람의 궁금증이 충족될 수 있도록 깊이 있는 글을 제작해야 합니다. 네이버 블로그에 올릴 긴 장문의 콘텐츠를 인스타그램에 올리거나 인스타그램에 올릴 한 줄의 사진을 블로그에 올린다면, 평소보다 훨씬 더 적은 사람들이 반응할 것입니다. 그렇기 때문에 벤치마킹할 대상을 잘 살펴보면서 어떤 콘텐츠가 사람들에게 반응을 얻는지 고민해야 합니다.

마지막으로 네 번째는 사람들의 피드백을 통해 플랫폼을 지속적으로 수정 및 보완하는 단계입니다. 고인 물은 썩기 마련이죠. 세상은 계속해서 빠르게 변화하고 있고, 사람들이 원하는 콘텐츠도 계속해서 변하고 있습니다. 변화하는 상황에 맞춰서 새로운 트렌드에 관심을 기울이고, 오프라인에서 만나는 다양한 사람들에게 자신의 소셜 미디어에 대해 끊임없이 묻고 피드백을 받아야 합니다. 소셜 미디어뿐만 아니라 책과 강연 등 모든 것이 피드백의 대상입니다. 이 피드백을 바탕으로 더 나은 소셜 미디어와 콘텐츠를 만들어 낼 수 있습니다.

소셜 미디어를 통해 무엇을 제공해줄 것인가

지금까지 성공적인 온라인 플랫폼을 만드는 4단계 방법에 대해 배웠습니다. 그렇다면 이제는 소셜 미디어를 통해 무엇을 제공해줄 것인지에 대해서도 생각해봐야 합니다. 평범한 일상, 특별한 경험, 성취한 목표, 도전, 사랑 등 소셜 미디어를 통해 전달할 수 있는 것들은 많지만 소셜 미디어를 운영하는 궁극적인 목표가 가치를 세상에 전하는 것이라는 사실을 잊어서는 안 됩니다.

몇 년 전에 대만을 여행하다가 갓 구워진 빵을 사람들에게 한 입씩 맛보게 하는 빵집 주인을 마주친 적이 있습니다. 소셜 미디어에 대해 이야기 하다가 갑자기 대만의 빵집 주인 이야기라니, 어리둥절할 겁니다. 하지만, 이 이야기는 소셜 미디어를 통해 전할 수 있는 가치에 대한 깊이 있는 영감을 제공해줍니다. 당시 저는 마침

배가 고팠던 시간이라 한 입 맛보고는 너무 맛있어서 그 자리에서 빵을 구매했는데, 빵을 먹고 맛있다고 생각했던 사람들이 줄을 서서 빵을 샀던 기억이 있습니다. 만약 그 빵집 주인이 '방금 갓 구워진 빵을 판매합니다. 맛도 좋고 가격도 저렴해요'라고 소리치며 판매했다면 사람들이 줄을 서서 빵을 사는 일은 일어나지 않았을 것입니다.

많은 사람들이 소셜 미디어를 통해 자신의 가치를 전하면서 '방금 갓 구워진 빵을 판매합니다. 맛도 좋고 가격도 저렴해요'라고 소리칩니다. 이는 시끄럽기만 할 뿐, 여러분의 소중한 가치를 온전히 전하기 어렵습니다. 반면에 진정한 고수는 갓 구워진 빵을 사람들에게 한 입씩 맛보게 하는 빵집 주인처럼 자신의 노하우 중의 일부를 관심이 있는 사람들에게 무료로 나누어줍니다. 이는 자신의 전문성을 입증하고, 사람들의 신뢰를 얻는 기회가 됩니다.

저는 유튜브와 네이버TV 『세움영어』 채널을 통해 제 영어 강의의 가장 중요한 부분들을 촬영해서 올려놓습니다. 블로그를 통해서도 수업의 중요한 자료들을 공유합니다. 이를 통해 제 수업에 관심 있는 사람들이 어떤 형태로 수업이 이루어지는지 파악할 수 있을 뿐만 아니라 그 안에 담긴 내용까지도 자세히 알 수 있기 때문입니다. 빵집 주인이 갓 구운 빵을 한번 맛보도록 한 것처럼 여러분이 만든 가치가 얼마나 훌륭한지 체험하도록 만들 필요가 있습니다. 앞서 예시에서 사람들이 줄을 서서 빵을 사먹었던 것처럼, 이는 여러분의 가치를 향한 사람들의 강렬한 욕구를 일깨울 수 있습니다.

이것이 여러분의 소중한 가치 중 일부를 무료로 제공해야 하는 이유입니다. 말로만 이야기하는 것이 아니라 고객들이 실제 확인하고 사용해볼 수 있는 무료 샘플을 제공하는 것입니다. 이는 단순히 자신이 최고라고 얘기하는 수많은 사람들 사이에서 당신을 특별한 존재로 돋보이게 만들 것입니다.

통합 플랫폼을 완성하는 슈퍼커넥팅 전략

소셜 미디어는 관계를 먹고사는 하나의 생명체와 같습니다. 나무가 클 때까지는 키우는 새로운 사람들과 관계를 맺는 시간과 노력이 필요하지만 한 번 크고 나면 작은 관심만 기울여줘도 잘 자라나죠. 소셜 미디어를 시작하는 초기에는 정말 많은 노력이 필요합니다. 하지만 초기의 어려운 시기를 잘 견뎌내면 소셜 미디어는 자신만의 색채를 가지고 무럭무럭 자라납니다.

어느 정도 수준이 되면 소셜 미디어를 하나로 통합해주는 공식 홈페이지가 필요합니다. 무료 홈페이지부터 유료 홈페이지까지 그 종류도 다양하지만 저는 네이버 모두Modoo 홈페이지를 가장 추천합니다. 이는 네이버에서 제작되어 검색에 따른 노출을 보장받을 수 있기 때문입니다.

공식 홈페이지 제작에서 가장 중요한 부분은 홈페이지를 기반으로 페이스북, 인스타그램, 유튜브, 블로그로 이동할 수 있는 연결고리를 만드는 것입니다. 이를 통해 모든 소셜 미디어를 통합하는 '통합 플랫폼'을 완성할 수 있습니다. 이러한 통합 플랫폼은 큰 나무의 뿌리와 같습니다. 사람들에게 공식 홈페이지는 높은 신뢰감을 줄 뿐만 아니라 여러분이 전하는 가치에 대한 가장 필수적인 정보만을 보여줍니다.

이 책의 내용을 따라 저서 출간과 언론보도, 강연, 소셜 미디어와 공식 홈페이지가 충분히 활성화 되었다면 네이버 인물등록을 신청할 수 있는 여건이 마련됩니다. 네이버 인물등록은 여러분이 세상에 가치를 전하기 위해 노력해 온 수많은 흔적들이 모여 만들어 낸 결과물입니다. 대한민국의 5000만 인구 중에서 약 0.5%에 해당하는 오직 27만 명이 네이버에 검색했을 때 이름이 나오고 있습니다. 그렇기에 세상에 여러분의 가치를 전하기로 마음먹었다면, 네이버 인물 등록은 치열하게 살아온 삶을 인정받는 과정에서 얻어지는 훈장과 같습니다. 그렇기에 저는 아직도 제 이름을 네이버에 검색했을 때 제가 나온다는 사실이 가슴 뛰고 설렙니다.

④ 가치를 팬덤으로 만드는 과정3: 통일성과 일관성

소셜 미디어SNS에서 사람들이 가장 많이 신경 쓰는 것이 팔로워 숫자입니다. 얼마나 많은 팔로워가 있는가에 따라 온라인상에서 개인의 영향력이 결정되기 때문입니다. 팔로워 숫자는 곧 내가 소통하는 사람들의 숫자를 의미하며, 이는 나와 직간접적으로 영향을 주고받는 사람들의 숫자를 의미합니다.

제가 오랫동안 페이스북과 인스타그램, 유튜브, 블로그와 같은 소셜 미디어를 운영하면서 가장 중요하다고 느낀 것은 '관계'입니다. 모든 소셜 미디어의 본질은 바로 관계에 놓여 있습니다. 오프라인에서 하지 못하는 수많은 사람과의 소통을 할 수 있도록 만든 것이 소셜 미디어의 시작점이기 때문입니다. 그렇기 때문에 만약 여러분이 소셜 미디어에서 팔로워를 단순히 여러분의 게시물에 '좋아요'를 눌러주는 사람 정도로 치부한다면, 여러분의 소셜 미디어는 영원히 성장을 멈출 수도 있습니다.

관계는 잃어버리기는 쉽지만, 만들기는 어렵습니다. 관계를 만드는 데는 시간이 걸리고, 긴 시간동안 여러분은 일관되고 통일성 있게 소셜 미디어를 운영해나가야 합니다. 통일성과 일관성, 이 단어는 꾸준함이라는 말로도 설명할 수 있습니다. 앞서 제가 이야기한 UCLA의 연구 결과에서 보이는 것처럼 한 사람이 꾸준하게 무언가를 지속하는 것은 어려운 일입니다. 단 8퍼센트의 사람들만이 1년 간 변함없이 목표를 향해 노력해왔다는 사실은 단 8퍼센트의 사람들만이 성공적으로 소셜 미디어를 운영할 수 있다는 말과 동일합니다. 하룻밤에 스타로 떠오르는 경우도 있지만, 그 인지도는 길어야 일주일입니다. 그렇기 때문에 오랜 노력과 정성을 담아 여러분의 가치를 전할 소중한 플랫폼을 만드는 과정이 필요합니다. 그리고 그 모든 것의 시작과 끝이 '관계'에 있다는 사실을 잊어서는 안 됩니다.

사색에 깊이를 더하다.

하루 한 줄의 마법 • SIX
누구나 뒤돌아볼 만큼 멋지고
빛나는 사람이 될 것이다.
"성공한 인생보다는 가치 있는 인생을 살라"
- 아인슈타인

하루 한 줄의 마법 SEVEN

마음껏 꿈을 펼치는 당당한 사람들과 함께 세상을 살아갈 것이다.

❶ 99%가 아닌 1%에 집중하라

이제 이 책의 마지막 단계에 접어들었습니다. 우리는 가치를 만들었고, 전문성을 쌓았으며, 이를 차별화시켰습니다. 책과 강연을 통해 가치를 전달하고, 소셜 미디어를 통해 사람들과 관계를 쌓는 과정에 대해서도 살펴봤습니다. 이제는 여러분의 가치에 공감하는 사람들과 함께 공동체를 만들고 성장하는 과정에 대해 이야기할 시간입니다.

이 시간에 이야기할 내용을 생각하면서 제목을 '99%가 아닌 1%에 집중하라'라고 정했습니다. 여기서 99%는 부정적인 생각을 가진 사람입니다. 한 마리의 미꾸라지가 물을 흐리는 것처럼, 부정적인 생각을 가진 한 사람이 여러분이 공들여 만든 공동체를 무너뜨릴 수 있습니다. 이는 여러분이 살아오면서 만든 모임에서도, 회사에서도, 교회에서도 쉽게 볼 수 있는 일입니다.

그렇기 때문에 한 사람을 여러분과 함께 성장할 공동체에 받아들이기에 앞서 그 사람이 어떤 생각을 가졌는지 파악하는 것은 굉장히 중요한 일입니다. 열 길 물속은 알아도 한 길 사람 속은 모른다는 속담처럼 사람의 마음을 파악하는 것은 굉장히 어려운 일입니다. 하지만 그 사람의 무의식적인 언어 습관을 주의 깊게 살펴보면 대부분의 경우는 손쉽게 파악할 수 있습니다. 예를 들어 지금 스마트폰을 열고 여러분의 카톡과 문자를 확인해보면, 여러분이 어떤 생각을 가지고 살아가는 사람인지 쉽게 파악할 수 있습니다. 다음의 글을 읽어봅시다.

'저는 내년 6월까지 책을 쓸 수 있을 것이라고 생각합니다. 제 삶에 단 한 번 있을 기회가 찾아온 것 같습니다. 저는 이를 통해 최고가 되어보고자 합니다.'

이 글을 읽으면 성공에 대한 믿음과 확신이 느껴지지 않습니다. '-라고 생각합니다'와 '-인 것 같습니다' 또는 '-해보고자 합니다'라는 글에서 자신감이 느껴지지 않습니다. 이렇게 애매모호한 언어를 쓰는 사람은 삶도 목표 없이 흘러갈 가능성이 높습니다. 이외에도 '점점점…'을 습관적으로 붙인다던지, 말끝마다 습관적으로 욕을 한다든지, 긍정적인 단어보다 부정적인 단어로 가득 찬 사람은 부정적인 생각을 가진 사람일 가능성이 높습니다. 반면에 다음 글을 한 번 읽어봅시다.

> '저는 내년 6월까지 반드시 책을 쓸 것입니다. 제 삶에 단 한 번 있을 기회가 찾아왔습니다. 저는 이를 통해 제 분야에서 반드시 최고가 되겠습니다.'

같은 문장이라도 차이가 느껴지시나요? 전자의 문장에는 힘이 없는 반면 후자의 문장에는 힘이 담겨 있습니다. 앞의 문장은 실패를 암시하고, 뒤의 문장은 성공을 암시합니다. 우리가 쓰는 말에는 이와 같은 에너지가 담겨 있습니다. 만약 여러분의 언어 속에 '절대로'나 '할 수 없어'와 같은 부정적인 언어로 가득 차 있다면, 이제는 생각을 바꿔야 할 시간입니다.

저는 매번 모든 일에 '감사합니다'라는 말을 붙이고 살아갑니다. 또한 누군가를 비난하고 시기하고 질투하기 보다는 '대단합니다', '최고입니다'와 같은 표현을 의식적으로 쓰려고 노력합니다. 잘되는 사람에게 질투하는 마음이 드는 것은 자연스러운 현상이지만, 그럼에도 불구하고 질투와 분노는 제 자신의 삶을 파괴하는 악한 감정이라는 것을 깨달았기 때문입니다. 처음에는 쉽지 않은 일이지만, 지속적으로 실천하다보면 습관이 되어 자연스럽게 몸에서 배어나올 수 있습니다. 이를 통해 만나는 사람마다 즐겁고 긍정적인 에너지를 전해줄 수 있는 것입니다.

함께 성장해나갈 수 있는 1%의 사람이란 이러한 습관을 가지려고 의식적으로 노력하는 사람이나 이미 그것이 자연스럽게 몸에 밴 사람들입니다. 이러한 사람들은 부정적인 생각으로 가득 찬 99%의 사람들과 달리 여러분을 언제나 성공과 확신으로 이끌 것입니다. 좋은 사람들과 함께 하기에도 인생은 짧습니다. 그렇기 때문에 세상에 소중한 가치를 전하고 서로를 돕고 성장하는 공동체를 형성하기 위해서는 부정으로 가득 찬 99%의 사람들이 아닌 긍정과 열정으로 가득 찬 1%의 사람들에게 집중하는 삶을 살아야 합니다.

❷ 가치를 관계로 만드는 과정1: 문화를 판매하라

여러분이 성공적으로 소셜 미디어를 운영하고, 함께 성장할 수 있는 사람들과 공동체를 이루고 있다면, 일종의 팬덤이 형성된 상태라고 할 수 있습니다. 그렇기 때문에 그들과 함께 정체성을 강화할 수 있는 상징물을 제작하고 사용한다면, 이는 여러분의 가치가 한 단계 더 높은 수준인 문화로 전환될 수 있습니다.

이는 주변에서도 흔히 볼 수 있는 일입니다. 스타벅스가 매년 시즌마다 가방, 우산, 다이어리, 텀블러 등의 상품을 제작해서 판매하는 것은 그들이 커피가 아닌 스타벅스라는 문화를 판매하기 때문입니다. 1980년대 위기의 할리데이비슨을 다시 살린 리처드 티어링크Richard Teerlink는 '우리는 철학을 판다. 오토바이는 슬쩍 끼워 팔 뿐'이라는 말을 남기기도 했습니다. BTS처럼 세계적으로 유명한 가수의 굿즈를 사서 인증하고, 이를 통해 소속감을 얻는 것도 모두 이러한 문화를 반영합니다.

우리가 추구해야 할 궁극적인 단계가 바로 이것입니다. 세상에 전하고자 하는 가치를 반영한 제품이 단순한 제품을 넘어서 하나의 문화가 되는 것입니다. 이러한 문화는 책과 강연, 소셜 미디어와 여러분이 속한 공동체를 통해 확산되고 소비될 때 살아있는 문화를 만들어내게 됩니다. 여러분의 가치가 담긴 상징물을 제작하는 궁극적인 목적은 바로 이곳에 있습니다.

제 책의 제목을 검색해서 독자들의 이야기를 듣는 것을 좋아합니다. 네이버에 『지식을 돈으로 바꾸는 기술』을 검색하면 이를 읽은 독자들의 블로그 글이 많이 나오는데, 어떤 분들은 제 책을 가지고 독서모임을 열기도 하고, 제 책의 제목을 차용해서 글쓰기 강의를 오픈하기도 했습니다. 제 책을 읽고 자신만의 전자책을 출판하게 되었다는 분도 계시죠. 이 책이 지식을 가진 사람들의 수익화 욕망을 자극하고, 움직임을 이끌어서 지식 창업이라는 하나의 문화를 만들었습니다.

이처럼 여러분의 가치를 반영한 제품이 하나의 상징물이 되고 그것이 사람들에게 계속적으로 소비되고 성장하면서 하나의 문화를 만들어 낼 때, 그것의 영향력은 엄청나게 커집니다. 이는 여러분의 인지도를 한 단계 더 높은 곳으로 성장시키고, 여러분을 더욱 빛나는 존재로 만들어줄 것입니다.

③ 가치를 관계로 만드는 과정2: 사적영역과 공적영역의 분리

여러분이 가진 가치를 세상에 전하고 영향력을 확장하는 과정에서 자연스럽게 여러분의 얼굴과 개인정보가 노출되기 마련입니다. 연예인과 같은 인지도를 가지지 않더라도 어느 정도 인지도를 쌓아올리게 되면 사생활이 침해받는다는 느낌을 받을 때가 있습니다. 어떤 때에는 페이스북을 통해 '대표님, 강남역에서 지나가시는 모습 봤어요. 페이스북으로만 보고 한 번도 직접 만난 적이 없어서 인사드릴까 한참 고민하다가 이렇게 댓글로 남깁니다'와 같은 코멘트를 받는 경우도 있습니다. 수수한 차림으로 집 밖을 나선 경우에는 얼굴이 빨갛게 달아오르기도 합니다.

공적 영역과 사적 영역의 구분은 새롭게 등장한 문제가 아닙니다. 배우 캐서린 햅번 Katharine Hepburn 이 한 언론사에 〈공인으로서의 어려움〉이란 글을 기고한 적이 있습니다. 그녀는 1932년 배우생활을 시작할 무렵만 해도 사생활을 유지하는 데 별다른 문제가 없었지만, 30년을 지나 한 잡지를 통해 '오늘날 대중과 언론은 내 삶의 가장 은밀한 부분까지 알아야 할 절대적 권리가 있는 듯 착각 한다'며 불만을 쏟아냈죠.

그렇기 때문에 명성을 유지하면서 안정된 삶을 누리려면 공적 자아와 사적 자아 간의 갈등을 해결해야 합니다. 개인적으로 재충전하는 사적인 시간을 충분히 확보하기 위해서는 공적 활동 시간의 효율을 극대화해야 합니다. 세상에 가치를 전하는 일을 하는 여러분에게 가장 귀중한 자원은 시간인 경우가 많습니다.

하루에 6시간 이상 이어지는 강의와 많은 학생들의 질문을 받고, 밤 늦게까지 이어지는 모임까지 마친 뒤에 집으로 돌아오면 말 그대로 녹초가 됩니다. 어떤 때에는 군중 속의 고독과 같은 외로움을 느끼기도 하죠. 특히 가족과 친구들, 정말 소중한 사람들과 함께 보내는 시간이 줄어들면서 마음에 공허함이 느껴질 때도 있습니다.

결국 우선순위를 정해야 하는 시간이 다가온 것입니다. 가족과 소중한 친구들이라는 사적 영역, 영향력과 돈이라는 공적영역 중에서 어느 것에 더욱 무게를 두어야하는지 진지하게 고민해야 할 시간이 된 것입니다. 물론 이러한 고민에 대한 답은 여러분 내면에 놓여있습니다. 여러분의 가치관에 따라 어떻게 우선순위를 정하느냐에 따라 그 대답이 달라집니다.

사색에 깊이를 더하다.

하루 한 줄의 마법 • SEVEN
마음껏 꿈을 펼치는 당당한 사람들과
함께 세상을 살아갈 것이다.
"위대한 인물에게는 목표가 있고,
평범한 사람들에게는 소망이 있을 뿐이다."
- 워싱턴 어빙

마치는 글

제 인생은 책을 읽기 시작하면서 변하기 시작했습니다. 책을 읽기 전과 책을 읽은 후의 제 모습은 상상할 수 없을 만큼 달라졌습니다. 책을 읽으니 세상을 바라보는 관점이 달라지고 의식이 확장되었습니다. 의식이 확장되자 보이지 않던 기회들이 보이기 시작했습니다. 현재 저에게 주어진 기회들을 찾기 위해 행동하기 시작하고, 행동을 지속하자 이는 습관이 되었습니다. 그러자 놀랍게도 저와 같은 생각을 하는 사람들이 나타나기 시작했습니다. 이들과 함께 저는 더 넓게 영향력을 펼칠 수 있었고, 더 큰 삶의 무대를 꿈꾸게 되었습니다. 평범했던 삶이 책을 읽기 시작하면서 특별해지기 시작한 것입니다. 붉은 장미가 가득한 꽃밭 위에서 하얀 장미로 다시 태어난 느낌이었습니다.

군대에서 저는 우연히 론다 번의 『시크릿Secret』이라는 책을 읽기 시작했습니다. 생각의 힘이 얼마나 강력한지 보여주는 책이었죠. 다 읽고 나니 머리를 한 대 얻어맞은 것 같은 느낌이 들었습니다.

'나는 우주에서 가장 강력한 자석이고, 내 생각은 모든 것을 끌어당긴다.'

이 말 한마디가 제 가슴을 울렸습니다. 이때부터 저는 제 생각을 변화시키는 훈련을 했습니다. 우선 하얀 종이 위에 제가 하고 싶은 것들을 써내려갔습니다. '내 이름으로 된 책 출간하기, 나만의 무대 위에서 강연하기, 나만의 회사를 설립하기, 한 달에 천만 원 벌기, 같은 꿈을 꿀 수 있는 사람과 결혼하기, 연예인처럼 멋지게 프로필 사진 촬영하기, 방송에 출연하기, 유명인처럼 인터뷰 하기, 세계 정상들과 함께 무대에 서서 영어로 통역하기, 전 세계를 여행하기, 내 콘텐츠로 유튜브 영상 100개 만들기, 뮤지컬 무대에 서기, 영화에 출연하기 등'과 같이 제 가슴을 뛰게 하는 모든 것들을 썼습니다.

흰 종이 위에 제가 정말 이루고 싶은 것들을 쓰고 이를 지갑에도 넣고 다니고, 벽에도 붙여두고, 큰 소리로 읽기도 하고, 나중에 이 모든 것을 다 이뤘을 때를 생생하게 꿈꾸기도 했습니다. 군대에서 시간이 느리게 가는 것처럼 느껴질 때면 제가 이루고 싶은 것들에 대해 오래도록 생각했습니다. 밤에는 가슴이 두근거려서 잠이 안 올 정도였습니다.

그 결과는 놀라웠습니다. 저는 군대에서 제 첫 번째 책을 출간했습니다. 군 생활 내내 250권이 넘는 책을 읽고, 제대를 30일 앞둔 시점에 제 첫 번째 책이 출간된 것입니다. 이를 계기로 저는 용기와 자신감을 얻기 시작했습니다. 작은 성취가 쌓이자 저 자신에 대한 신뢰가 쌓이기 시작한 것입니다. 굳이 대기업, 공기업, 금융권, 고시가 아니더라도 제가 좋아하고 잘하는 일을 하면서 돈을 벌고 성공할 수 있다는 생각이 싹트기 시작했습니다.

제가 좋아하고 잘하는 영어 교육이라는 가치를 찾았기에 저는 제 생각과 믿음을 삶으로 증명해보이고 싶었습니다. 그래서 저는 일단 제가 할 수 있는 것부터 시도하기 시작했습니다. 우선 학생들에게 영어를 가르치기 위해 커리큘럼을 짜고, 교재를 만들었습니다. 투박하게 만든 전단지를 가지고 아파트를 돌아다니며 붙이기도 하고 새벽 6시 반에 일어나 주변 학교 학생들의 등굣길에 나눠주기도 했습니다.

학생들은 저의 노력에 한 명, 두 명 모이기 시작했습니다. '목숨 걸고 수업한다'가 이때 제가 가진 유일한 수업 목표였습니다. 몇 달이 지나자, 저녁 6시부터 새벽 1시까지 일주일의 모든 시간이 영어 수업으로 가득 찼습니다. 제가 한 학생당 한 달에 100만원을 얘기해도, 180만원을 얘기해도 하겠다는 사람들이 생겨났습니다. 이때부터는 제가 돈을 통제하기 시작했습니다. 돈에 이끌려 다니다가 처음으로 돈을 이끌어내게 된 것입니다. 군대에서 흰 종이위에 적었던 월 1000만원도 이때 달성했습니다. 더 이상 돈이 필요 없을 때까지 일을 했습니다.

돈이 있어도 도저히 쓸 수 없는 상태까지 된 것입니다. 이 상태가 되자 자유가 없어지고, 행복이 사라지기 시작했습니다. 새벽 2시에 집에 들어와서 아침 10시가 넘어서 일어나는 생활이 지속되다보니 가족들의 얼굴을 볼 수조차 없었습니다. 동생이 중국 교환학생 프로그램에 합격해서 그곳에서 생활할 생활비를 벌기 위해 무리하게 3개의 아르바이트를 동시에 하다가 쓰러져서 병원에 실려간 사실조차 알 수 없을 정도였습니다. 뒤늦게 병원에 찾아가 너무 무리해서 눈에 핏줄이 다 터진 동생을 보며 눈물이 났습니다.

'돈이 뭐기에 삶을 이토록 힘들게 만들까?'

더 이상 돈에 쫓기고 싶지 않았습니다. 이때부터 돈을 벗어나 새로운 가치를 추구하게 되었습니다. '세움영어'라는 이름도 이때 탄생했습니다. '교육으로 세상을 바로 세우다'라는 기치를 내걸고,

제 수업 시간을 줄이고 더 많은 사람들에게 영어 교육이라는 가치를 전할 수 있는 일을 찾기 시작했습니다. '누구나 수준 높은 교육을 받을 권리가 있다'는 생각으로 주변에서 쉽게 만나기 힘든 다양한 분야의 명사들을 초청해서 20·30대를 위한 강연을 주최하기도 했습니다.

제 무대가 만들어지기 시작하면서, 자연스럽게 더 많은 사람들에게 '세움영어'가 알려지기 시작했습니다. 군대에서 꿈꿨던 꿈들을 이뤄나가는데도 가속도가 붙기 시작했습니다.

당시에 흰 종이 위에 썼던 꿈의 90퍼센트는 현실로 이루어졌습니다. 그리고 지금도 흰 종이위에 제가 가진 꿈을 적어 놓고 있습니다. 벽에 붙여놓고, 지갑에 넣어두고, 사람들에게 알리는 것도 똑같습니다. 예전과 달라진 점이 있다면 더 이상 사람들이 '불가능'할 것이라고 말하지 않는다는 것입니다.

지금 저는 세상에 자신만의 가치를 전하고 자신만의 꿈을 개척하는 사람들을 도와주는 일을 하고 싶다는 꿈을 갖고 있습니다. 꿈과 열정이 있지만 방법을 모르는 수많은 젊은 친구들에게 제가 가진 지식과 경험을 알려주고, 이들과 함께 성장하는 공동체를 만들고 싶습니다. 그리고 저는 이 꿈이 반드시 이뤄질 것을 믿습니다.

이 책에 담긴 모든 노하우들은 저의 경험과 제가 읽었던 책들, 수많은 사람들의 이야기를 바탕으로 만들어졌습니다. 일곱 가지로 정립된 성공의 비밀들이 자신만의 삶을 꿈꾸는 여러분을 성공의 길로 올려놓을 것입니다. 여러분은 특별한 소명을 가지고 이 세상에 태어났다는 사실을 잊어서는 안 됩니다.

"우리에게는 새로운 세상을 창조할 만한 강력한 힘이 있습니다."

하루 한 줄
인생
브랜딩